#1 INSTAGRAM RATGEBER

Schritt für Schritt für mehr Reichweite,
Sichtbarkeit & Tipps für Kundengewinnung
Online Marketing Buch – Follower, Storytelling & mehr

CHRISTIAN BAYLE

Inhaltsverzeichnis

”

Marketing muss so anziehend sein, dass uns die Leute in ihrem Leben haben wollen.

- Jim Stengel

EINLEITUNG

Liebe*r Leser*in,

ich freue mich sehr darüber, dass Du Dich für den Kauf dieses Buches entschieden hast und Du Instagram für Dich nutzen möchtest, um Dir nachhaltig eine Reichweite, Sichtbarkeit und neue Follower*innen aufzubauen.

In diesem Buch wirst Du im Detail erfahren, was eigentlich hinter Instagram steckt, wie Du Instagram richtig verwenden kannst, wie Du Dir auf Instagram mehr Reichweite und Sichtbarkeit aufbauen kannst, wie Du Instagram als Tool zur Gewinnung neuer Follower*innen und Kund*innen anwenden kannst, welches die absoluten No Go's bei der Verwendung von Instagram sind und wie Du Instagram am besten verwenden kannst anhand einer Checkliste.

Das heißt dieses Buch gibt Dir alles Notwendige an die Hand, was Du wissen musst, um Instagram erfolgreich für Dein Unternehmen anzuwenden – und zwar Schritt für Schritt.

Damit Du überhaupt weißt, womit Du es bei Instagram konkret zu tun hast, erfährst Du, was Instagram ist. Du wirst Dich darüber belesen können, welche Aktionen Du auf Instagram ausüben kannst und wo eigentlich der Unterschied zwischen den sogenannten privaten und den öffentlichen Profilen ist. Außerdem wirst Du Dich näher damit befassen können, was Bans eigentlich sind, wie sie entstehen, für wie lange sie anhalten und was Du tun solltest, wenn auch Dich ein sogenannter Ban treffen sollte. Auch wirst Du näheres Wissen darüber erhalten, welche Trends es eigentlich auf Instagram geht.

Hast Du die Grundlagen dann erst einmal verstanden und weißt, auf welcher Plattform Du Dich zukünftig bewegen wirst, geht es darum, dass Du lernst, wie Du Instagram richtig verwendest. Du erfährst die Gründe, warum es von solch einer immensen Bedeutung ist, dass Du den richtigen Umgang lernst, wie Du die App bestmöglich einrichtest und worauf Du achten solltest, wenn es um Deine Bilder, die Verwendung von Hashtags und Deine Instagram Stories gehst.

Da es sich bei Instagram darum dreht, Beiträge für Deine Follower*innen und Interessent*innen zu veröffentlichen, sollten Dir natürlich auch die Ideen nicht ausgehen, was genau Du eigentlich posten kannst. Hierfür erhältst Du einige hilfreiche Tipps an die Hand, welche Beiträge für Deinen Instagram-Auftritt sinnvoll sein können und an welche Regeln Du Dich bei der Verwendung von Instagram unbedingt halten solltest.

Veröffentlichst Du dann erst einmal Deine ersten Beiträge, so sollte Dein Ziel des Ganzen darin bestehen, Dir eine möglichst große Reichweite und Sichtbarkeit zu erarbeiten. Warum dies zu Deiner Zielsetzung gehören sollte erfährst Du in einem weiteren umfangreichen Kapitel.

In diesem wirst Du darüber hinaus auch lernen, wie Du Dir eigentlich Deine Reichweite und Sichtbarkeit grundsätzlich aufbauen und diese kontinuierlich im Blick behalten kannst. Da es in einigen Fällen durchaus vorkommen kann, dass es zu einem sprunghaften oder auch kontinuierlichen Absinken Deiner Reichweite kommt, erhältst Du auch über die damit verbundenen Gründe das notwendige Wissen. Der Hauptgrund dessen, dass Du die Reichweite und Sichtbarkeit auf Instagram vergrößern solltest, liegt in dem Umstand, dass Du neue Follower*innen und Kund*innen für Dich gewinnen solltest, immerhin lässt sich Instagram ideal als ein Tool zur Gewinnung jener Personen verwenden. Die genauen Hintergründe erfährst Du im dazugehörigen Kapitel, welches Dich auch darüber aufklärt, wie genau Du Deine Zielgruppe auf Instagram eigentlich definieren kannst, wie es Dir gelingt, neue Kund*innen auf Instagram anzusprechen und wie Du auch neue Follower*innen für Dich begeistern kannst.

Da bekanntlich aller Anfang schwer ist und es gerade bei einem Unternehmensprofil darum geht, grobe und fahrlässige Fehler zu vermeiden, erfährst Du im Kapitel „Die absoluten No Go's bei der Verwendung von Instagram" welche Fehler Du unbedingt vermeiden solltest – und zwar bereits von der ersten Verwendung an. Um gerade zu Beginn nichts bei der richtigen Verwendung von Instagram in Vergessenheit geraten zu lassen, erhältst Du eine Checklist an die Hand, die Dir das Ganze so leicht wie möglich gestalten soll. Um das Buch letztlich noch optimal abzurunden, gebe ich Dir in dem Bonuskapitel „Insta Ads Kampagnen Strategien" ausführliche Informationen rund um das Thema der Werbeanzeigen und der dazugehörigen Strategien auf Insta-gram. Nun sollten wir aber in das Buch starten, damit Du so schnell wie nur möglich mit der erfolgreichen Umsetzung aller enthaltenen Tipps und Tricks beginnen kannst.

Ich wünsche Dir viel Erfolg!
Dein Christian

„

Die wichtigste Anforderung ist ein Umdenken, weg davon, Botschaften zu verfassen, die von uns handeln und hin zu Content, der die Probleme der Menschen löst, die wir erreichen wollen.

- Ann Handley

”

Denke größer, mutiger und kühner. Die größte versäumte Möglichkeit im Content-Marketing ist es, auf Nummer sicher zu spielen.

- Ann Handley

WAS STECKT HINTER INSTAGRAM?

Was ist Instagram eigentlich?

Bei Instagram handelt es sich um eine kostenfrei verwendbare Anwendung, die sich auf dem Smartphone herunterladen lässt. Seine Bekanntheit hat Instagram insbesondere dank der vielen Filter erhalten, die es den Nutzer*innen zur Verfügung stellt. Jene Filter erlauben es den Anwender*innen sowohl ihren Bildern als auch ihren Videos eine Verschönerung zu verleihen.

Dadurch, dass die Bilder und Videos in Instagram eine quadratische Form besitzen, erinnern sie schnell an Abzüge von Polaroid-Kameras oder auch an die einer Kodak.

Welche Aktionen sind auf Instagram möglich?

Die Anwendung umfasst die unterschiedlichsten Funktionen. So kannst Du auf der Plattform nicht nur Bild- und Videoinhalte in Deinem Profil teilen, sondern gleichermaßen auch andere Inhalte. Eine der weiteren Funktionen besteht in den sogenannten Stories, also Inhalten, die Du mit einer Sichtbarkeitszeit von 24 Stunden auf Deinem Profil verfügbar machst.

Neben diesen bietet Instagram auch die Möglichkeit der Nutzung von Instagram TV, kurz IGTV. Dieses Funktion ist dafür vorgesehen, dass Du Videos auf Deinem Profil dauerhaft verfügbar machst, die eine Länge von 60 Minuten aufweisen können.

Außerdem gibt es auf Instagram die sogenannten „Reels“. Hierbei handelt es sich um Kurzvideos mit einer Länge von 15 Sekunden, die im Grunde genommen den Mittelweg zwischen IGTV-Videos und Stories bilden. Reels stehen den Besucher*innen Deines Profils dauerhaft zur Verfügung.

Instagram erlaubt es Dir nicht nur, dass Du Videos hochlädst, die Du im Vorhinein bereits erstellt hast, sondern auch, Instagram Live zu verwenden. Diese Option lässt Dich live einen VIdeostream starten, bei dem Dich die Nutzer*innen in Echtzeit begleiten und sehen können, was Du gerade tust oder wo Du Dich aufhältst. Die Zuschauer*innen Deines Streams können dabei mittels Kommentaren live mit Dir interagieren.

Kaum verwunderlich also, dass Du durch die Vielfalt an Möglichkeiten immer wieder neue Inhalte kennenlernst von den Personen, denen Du auf Instagram folgst.

Um Deine Inhalte ganz gezielt bestimmten Zielgruppen zugänglich zu machen, kannst Du sogenannte Hashtags nutzen. Diese hast Du sicherlich schon einmal gesehen. Sie sind dafür vorgesehen, dass Du bestimmte Schlagwörter unter Deinen Inhalten verwendest, um diese so zu verbreiten. Um die Interaktion mit den Menschen, die Dir folgen, zu steigern, umfasst Instagram „Direct Messages“. Diese kannst Du dafür nutzen, um direkt auf der Plattform private Gespräche oder auch Gruppenchats zu starten.

Die geteilten Inhalte direkt ermöglichen es den Nutzer*innen der Plattform einen öffentlichen Austausch durchzuführen sowie auch mit Smileys oder Nachrichten auf bestimmte Postings zu reagieren, die nur die Person sehen kann, die die Inhalte erstellt hat.

Der Unterschied zwischen einem privaten und öffentlichen Konto

Wie Du bereits erfahren hast, gibt es auf Instagram die Möglichkeit, Dir ein privates oder auch ein öffentliches Profil anzulegen. Doch wo genau besteht der Unterschied zwischen den beiden Varianten und welche Vor- sowie auch Nachteile bringen diese mit sich? Legst Du Dein Instagramprofil als einen öffentlichen Account an, so ermöglichst Du es auf diese Weise allen Nutzer*innen auf Instagram, mit Ausnahme jener Nutzer*innen, die Du blockiert hast, Dein Profil jederzeit aufzurufen. Die Besucher*innen Deines Profils können dabei einen Follow für Dich da lassen, Deine Beiträge liken und kommentieren sowie auch einen privaten Chat mit Dir beginnen. Selbst dann, wenn die Nutzer*innen Dir nicht folgen, können sie jederzeit Deine Beiträge einsehen und die vorgenannten Interaktionen durchführen. Sollten die Besucher*innen Deines öffentlichen Profils keine Interaktionen mit diesem vornehmen, sondern sich lediglich Dein Profil ansehen, so wirst Du darüber nicht informiert. Anders sieht es hingegen aus, wenn Du ein privates Profil anlegst. Denn in einem solchen Fall müssen die Besucher*innen Deines Profils zunächst eine Anfrage zum Folgen an Dich senden. Diese Anfrage kannst Du entweder annehmen oder ablehnen.

Solltest Du Dich dazu entschließen, die Anfrage anzunehmen, so eröffnest Du den Nutzer*innen die Möglichkeit, Dir nicht nur zu folgen, sondern auch mit Dir und Deinen Beiträgen mittels Likes, Kommentaren und Chats zu interagieren.

Wenn Du die Anfrage allerdings ablehnst, so können Dir die Nutzer*innen nicht folgen und sehen dementsprechend nicht mehr von Deinem Profil als Dein eingestelltes Profilbild und die von Dir hinterlegte Profilbeschreibung. Tatsächlich können jene Nutzer*innen, deren Anfrage Du abgelehnt hast, auch nicht einsehen, welchen Personen Du folgst geschweige denn wer Dir folgt. Diese Funktion obliegt ausschließlich den Follower*innen Deines Profils.

Da beide Profilvarianten sich voneinander unterscheiden liegt die Frage nah, welche der beiden Varianten nun eigentlich die bessere Wahl ist. Im Grunde genommen gibt es hierauf auch keine pauschale Antwort, da es von Deinen eigenen Intentionen und Präferenzen abhängig ist. So gibt es sowohl für die privaten als auch die öffentlichen Profile ganz eigene Vor- und Nachteile.

Die Vor- und Nachteile eines öffentlichen Profils

Welche Vor- und Nachteile gehen nun mit einem öffentlichen Profil einher?

Die Vorteile

✓ **Dir gelingt es, eine größere Reichweite aufzubauen.**

Durch ein öffentliches Profil kannst Du eine größere Reichweite erzielen, was nicht zuletzt auch durch den Umstand erzielt wird, dass alle Besucher*innen Deines Profils jederzeit auf Deine Beiträge zugreifen und mit diesen interagieren können.

✓ **Du kannst die Besucher*innen leichter überzeugen.**

Im Grunde genommen steht allen Besucher*innen Deines Profils die Möglichkeit offen, Deine Beiträge einzusehen. Dies sorgt dafür, dass der Content, den Du veröffentlichst, Deine Profilbesucher*innen deutlich schneller überzeugen und dazu anregen können, einen Like oder Kommentar unter Deinem Beitrag zu hinterlassen.

✓ **Dein Content ist offen.**

Dieser Vorteil liegt zugegebenermaßen im Auge des / der Betrachter*in. Denn durch die Tatsache, dass Dein Profil von allen Benutzer*innen der Plattform aufgesucht werden kann, erzeugt dies gewissermaßen ein Offenheitsgefühl – sowohl für Dich, als auch für die Leute, die Dein Profil entdecken. Von vielen Menschen wird ein öffentliches Profil als „befreiend" erachtet, da die Meinung vertreten wird, dass es nicht erforderlich ist, zwei Mal darüber nachzudenken, welche Inhalte veröffentlicht werden. Dies ist aber tatsächlich eine reine Geschmackssache.

✓ **Es ist eine schnellere Meinungsbildung möglich.**

Dieser Punkt kann sowohl als ein Vor- sowie auch als ein Nachteil gewertet werden. Schlussendlich sorgt ein öffentliches Profil dafür, dass die Besucher*innen und somit auch potenziellen Follower*innen Deines Profils sich binnen kürzester Zeit eine Meinung über Deine veröffentlichten Inhalte bilden können. So erhalten sie binnen Sekunden ein Bild davon, wie Du zu sein scheinst anhand der Beiträge, die Du veröffentlichst. Dies sorgt dafür, dass die Nutzer*innen schneller eine Entscheidung darüber treffen können, ob sie Deine Inhalte mögen oder ob sie dies vielleicht auch nicht tun.

Die Nachteile:

➢ **Du hast weniger Kontrolle.**

Der Umstand, dass sich jede*r Nutzer*in der Plattform Dein Profil aufrufen und Deine Beiträge ansehen kann, entstehen nicht nur positive, sondern auch negative Folgen für Dich. Ein öffentlich zugängliches Profil, was zumeist auch eine größere Reichweite besitzt, sorgt dafür, dass sich die Aufmerksamkeit auf Dich und Dein Profil richtet. Infolgedessen kann dies dazu führen, dass nicht nur potenzielle „harmlose" Follower*innen auf Dich aufmerksam werden, sondern gleichermaßen kann Dein Profil auch zu einem Hotspot werden, an dem sich ominöse Seiten tummeln.

➢ **Die Gefahr der ominösen Seiten.**

Aufgrund der meist größeren Reichweite eines öffentlichen Profils können ominöse Seiten angezogen werden, deren Inhalte aus sexuellem Content bestehen oder betrügerische Seiten darstellen.

Jene Inhalte und somit auch Profile verstoßen zwar grundsätzlich gegen die Nutzungsbedingungen von Instagram, doch können sie dennoch bei ahnungslosen Personen dazu führen, dass sie in der Hoffnung eine größere Follower*innenzahl zu erreichen, auf die Angebote dieser zwielichtigen Seiten hereinfallen.Schlimmstenfalls können dadurch wirtschaftliche Schäden entstehen, die eigenen Bilder für Fake-Accounts verwendet werden oder Belästigungen von diesen Seiten ausgehen.

➢ **Du hast eine geringere Privatsphäre.**

Sei Dir bewusst, dass die Einstellung eines öffentlichen Profils dafür sorgt, dass jede*r Nutzer*in auf die Inhalte, die Du veröffentlichst, zugreifen kann. Dies kann durchaus Gefahren bergen, insbesondere dann, wenn die Personen vorhaben, Deine Inhalte für ihre eigenen Zwecke auszunutzen. Dies bekommst Du in der Regel selbst nicht einmal mit.

Die Vor- und Nachteile eines privaten Profils

Nun, wo Du die Vor- und Nachteile eines öffentlichen Profils kennst, stellst Du Dir sicherlich die Frage, welche Vor- und Nachteile dann bei einem privaten Profil bestehen. Die Antwort findest Du nachstehend:

Die Vorteile:

✓ **Du erfreust Dich von einer höheren Privatsphäre.**

Dieser Aspekt stellt nahezu einen fliegenden Wechsel zu einem Nachteil des öffentlichen Profils dar. Denn wenn Du Dein Profil auf privat stellst, so profitierst Du rein automatisch davon, dass Deine Privatsphäre gesteigert ist. Du selbst stehst in der Verantwortung dafür, Deine eigenen Inhalte zu prüfen und nachzuvollziehen, wer Deinen Content einsehen darf und wer nicht. So ist nicht nur Deine Privatsphäre verbessert, sondern zugleich auch die Kontrolle über Dein Profil.

✓ **Du kannst ein „Elite-Gefühl" erzeugen.**

Dadurch, dass Du Dein Profil lediglich für bestimmte Nutzer*innen zugänglich machst, kannst Du für Deine Follower*innen das Gefühl einer Elite erschaffen. Das heißt, wer gerne sehen möchte, welche Inhalte Du auf Deinem Profil veröffentlichst, muss Dir zunächst folgen. Jene Personen sind dann erst einmal dazu angehalten, abzuwarten, ob Du ihre Anfrage überhaupt abnimmst und somit das exklusive Gefühl erschaffst, dass sie Dir folgen dürfen.

Haben diese Follower*innen dann erst einmal die erste Hürde gemeistert, überhaupt von Dir als Follower*in angenommen worden zu sein, so überlegt sich ein Großteil dieser Follower*innen in der Regel zwei Mal, ob sie Dir nun entfolgen oder nicht lieber doch ein*e Follower*in Deines Profils bleiben.

✓ **Du kannst eine konstante Anzahl an Follower*innen verzeichnen.**

Die Tatsache, dass sich die meisten Follower*innen eines privaten Profils mehrfach überlegen, ob sie Dir denn nun wirklich entfolgen möchten, bleibt die Anzahl Deiner Follower*innen in den meisten Fällen recht konstant und verzeichnet keinen Abfall. Vielmehr noch kannst Du in der Regel einen Anstieg der Anzahl Deiner Follower*innen erkennen.

✓ **Dein Profil besitzt eine angenehme und beruhigende Wirkung.**

Für eine Vielzahl der Nutzer*innen von Instagram kann die Vielzahl an Markierungen oder auch das widerrechtliche Verwenden von den eigenen Inhalten durch Dritte eine sehr nervenaufreibende und stressige Angelegenheit werden, die womöglich sogar für Paranoia sorgt. Dies bleibt Dir durch ein privates Profil erspart, sodass Du nicht von einem psychisch sehr bedrückenden Gefühl begleitet wirst. Immerhin hat niemand unbefugt einen Zugriff auf Deine Inhalte, da Du selbst Deine Inhalte nur für bestimmte Personen zugänglich machst

Die Nachteile:

➢ **Potenzielle Follower*innen könnten abgeschreckt sein.**

Wenn es Dein Ziel ist, mit Deinem Instagram-Profil langfristig viele Follower*innen und Likes aufzubauen, so besteht hier ein echter Nachteil. Denn natürlich sorgt ein privates Profil dafür, dass mehr Aufmerksamkeit auf dieses gelenkt wird.

Vereinfacht gesagt bedeutet dies, dass wenn Nutzer*innen Deine Inhalte sehen möchten, sie gezwungen sind, Dir zunächst eine Anfrage zu senden. Auf diese Weise gerät die Aufmerksamkeit auf Dich und Dein Profil, was für einige Nutzer*innen durchaus abschreckend wirken kann. Infolgedessen stellen einige Nutzer*innen häufig gar keine Anfrage zum Folgen, da sie keine Lust darauf haben, potenzielle Wartezeiten über sich ergehen zu lassen und zugleich auch nicht zu wissen, ob ihre Anfrage denn auch genehmigt wird.

Instagram und Bans

Vielleicht hast Du im Zusammenhang mit Instagram schon einmal von einem sogenannten Ban gehört. Hierbei handelt es sich um eine Einschränkung, die für einen vorübergehenden Zeitraum durch Instagram gesetzt wird. Dies kann beispielsweise eine Blockierung sein, die es für die betroffenen Nutzer*innen verhindert, bestimmte Handlungen vornehmen zu können.

Kommt es durch Instagram zu einem solchen Ban, so ist die betroffene Person für einen Übergangszeitraum auf Instagram blockiert. Somit stehen Interaktionen wie das Liken von Bildern und Videos von anderen Personen sowie auch das Kommentieren und Folgen sowie Entfolgen vorübergehend nicht mehr zur Verfügung.

Wie ein Ban entsteht

In aller Regel nimmt Instagram Einschränkungen bei Profilen vor, deren Inhaber*innen eine zu hohe Aktivität an den Tag gelegt haben, die in die Kategorie des Spams eingeordnet wurde. Dies kann unterschiedlichste Gründe zur Ursache haben. Besonders häufig kommt es zu einem sogenannten Ban, wenn innerhalb kürzester Zeit eine Vielzahl an Bildern und Videos geliked oder kommentiert wurde. Gleichermaßen kommt es jedoch auch dann zu einem Ban, wenn Du zu vielen Nutzer*innen innerhalb eines kurzen Zeitraumes folgst beziehungsweise entfolgst.

Jene Aktivitäten erwecken bei Instagram den Anschein, dass Dein eigenes Profil von einem Bot betrieben wird. Aufgrund des Umstandes, dass eine Verwendung eines Bots gegen die sozialen Nutzungsbedingungen ist, wird von

Instagram eine vorübergehende Sperrung verhängt, die sich auf den Spam bezieht. Wenn Du also versuchst, eine der vorher genannten Aktionen auszuführen, obwohl Du in dem Moment einen Ban erhalten hast, wirst Du folgende Fehlermeldung angezeigt bekommen:

„Handlung blockiert – Diese Handlung wurde blockiert. Bitte versuche es später noch einmal. Wir schränken bestimmte Inhalte und Handlungen ein, um unsere Community zu schützen. Sag uns, wenn wir Deiner Meinung nach einen Fehler gemacht haben."

Für wie lange der Ban bestehen bleibt

Wie lange die Blockierung Deines Profils aufrechterhalten wird, ist tatsächlich eine individuelle Entscheidung und kann somit nicht pauschal angegeben werden. Ausschlaggebend ist insbesondere die Art des Verstoßes, der begangen wurde und die Schwere dieses Verstoßes. Durchschnittlich kann eine solche Profileinschränkung zwischen 48 Stunden und 14 Tagen bestehen bleiben.

Was Du tun solltest, wenn Du von einem Instagram Ban betroffen bist

Tatsächlich gibt es diverse Optionen, die Du anstreben kannst, um eine verhangene Sperrung von Instagram wieder entfernen zu lassen. Allem voran gilt es hierbei zunächst Instagram gegenüber den Beweis zu erbringen, dass Du eine echte Person und kein Bot bist. Am besten kannst Du diesen Nachweis erbringen, wenn Du eine Verknüpfung zwischen Deinem Instagram-Profil und Deinem Facebook-Konto erstellst. Um eine Kontenverknüpfung vorzunehmen kannst Du die Konto-Einstellungen öffnen und dort „Verknüpfte Konten" auswählen.

Eine weitere Option eine Sperrung zu beheben besteht darin, dass Du Deine Instagram-App vollständig von Deinem Gerät löschst und anschließend neu herunterlädst. Sollte es sich um eine einmalige Blockierung handeln, verschwindet diese im Regelfall durch diesen Problembehebungsschritt.

Weiterhin ist es ratsam, dass Du in der nächsten Zeit im Anschluss des Verhängens eines Bans möglichst inaktiv bleibst. Das heißt Du solltest es bestenfalls unterlassen, Bilder und Videos zu liken, diese zu kommentieren, eigene Inhalte zu veröffentlichen oder auch anderen Profilen zu folgen beziehungsweise zu entfolgen. Wenn Du dieses Vorgehen einhältst, verschwindet die Sperrung innerhalb einiger Zeit von allein wieder. Beachte, dass Du über die Aufhebung der Sperrung nicht informiert wirst. Das heißt nach einiger Zeit der Inaktivität kannst Du probieren, ob es Dir gelingt, die Interaktionen auf Instagram wieder auszuführen ohne, dass Du eine Fehlermeldung erhältst. Natürlich steht es Dir jedoch auch zu jeder Zeit offen, Instagram persönlich zu kontaktieren und das vorliegende Problem dort anzubringen.

Sonderfall Shadowban

Ein Shadowban stellt einen gesonderten Fall des Bans dar. Diese Art des Bans sorgt dafür, dass die Reichweite Deines Profils eingeschränkt wird. Diese Art des Bans kommt dabei nicht nur auf Instagram, sondern auch auf diversen anderen Social Media Plattformen vor.

Verhängt eine Plattform einen Shadowban, so erhältst Du hierüber keine Information. Zwar können Deine Beiträge auch weiterhin von anderen Nutzer*innen gesehen werden, jedoch werden sie einer bedeutend geringeren Anzahl, womöglich sogar überhaupt keinen anderen Nutzer*innen mehr angezeigt, die Deine Inhalte potenziell entdecken könnten.

Hierbei kommt es also keineswegs zu einer wirklichen Blockierung oder Löschung Deines Profils. Vielmehr zielt ein solcher Ban darauf ab, Deine Inhalte und Dein Profil gemäß des Namens in den „Schatten" zu rücken und somit Deine Inhalte förmlich unsichtbar werden zu lassen.

Nun mag vielleicht die Frage aufkommen, wie Du einen solchen Shadowban eigentlich erkennen kannst. Im Grunde genommen wird es insbesondere dann deutlich, wenn Dein Profil auf öffentlich gestellt ist. Denn in einem solchen Fall wirst Du feststellen können, dass Deine Reichweite und somit auch Deine Sichtbarkeit erheblich sinkt. Dies bringt zugleich auch eine starke Reduzierung Deiner Likes und der generellen Interaktionen mit Deinem Account mit sich. Richtest Du dann einen genaueren Blick darauf, von welchen Nutzer*innen die Interaktionen ausgehen, so wirst Du schnell feststellen können, dass es Nutzer*innen sind, die Deinem Account ohnehin bereits folgen – schließlich sind sie auch die Einzigen, denen Deine Inhalte noch angezeigt werden. Es erfolgt somit keine direkte Löschung Deiner Inhalte, jedoch werden diese für andere Personen unsichtbar geschalten.

Um selbst überprüfen zu können, ob Instagram gegenüber Deinem Profil einen Shadowban verhängt hat, empfiehlt es sich, Dir einen Zweitaccount anzulegen. Mit diesem hast Du dann die Möglichkeit selbst zu prüfen, ob Dein Account in einen solchen Shadowban eingefasst wurde.

Andernfalls kannst Du allerdings auch andere Personen fragen, die unabhängig von Deinem Account sind, ob sie Dich bei der Überprüfung unterstützen können. Für die Prüfung ist es am einfachsten, wenn Du einen neuen Beitrag erstellst und hierbei Hashtags anlegst. Durchsuche die verwendeten Hashtags dann, um zu schauen, ob Dein Beitrag hierbei angezeigt wird.

Wechsle dann in Deinen Zweitaccount oder bitte die Person, die Dich mit ihrem unabhängigen Account unterstützt darum, die gleichen Schritte wie zuvor zu wiederholen. Sollte Dein Beitrag unter dem verwendeten Hashtag einsehbar sein, so ist Dein Profil nicht von einem Shadowban betroffen. Kannst Du Deinen Beitrag jedoch in den verwendeten Hashtags nicht auffinden, so kannst Du Dir sicher sein, dass Instagram Deinem Profil einen Shadowban verhängt hat. Doch warum kommt es überhaupt zu einem solchen Shadowban?

Hier gibt es tatsächlich gleich mehrere Möglichkeiten, die zu einer solchen Situation führen können. Shadowbans werden in der Regel dann verhängt, wenn ...

- ... die Führung Deines Profils einem Bot unterliegt, der automatische Interaktionen wie das Folgen von anderen Profilen, das Kommentieren und das Liken vornimmt
- ... Du zu viele Hashtags für Deine Beiträge verwendest, da dies von Instagram möglicherweise als Spam gewertet wird
- ... Dein Profil von anderen Nutzer*innen der Plattform zu häufig gemeldet wurde

- ➢ … Dein Profil durch das Kaufen von Follower*innen und Likes auffällig geworden ist
- ➢ … die Aktivität Deines Profils zu hoch ausfällt, was bedeutet, dass Du innerhalb kürzester Zeit bei zu vielen Beiträgen einen Like gesetzt hast oder Du zu vielen Nutzer*innen gefolgt beziehungsweise entfolgt bist
- ➢ … Du Hashtags unter Deinen Beiträgen verwendet hast, die ab 18 gewertet werden oder die als gewaltverherrlichend angesehen werden, da jene Hashtags einen Verstoß gegen die geltenden sozialen Nutzungsbedingungen darstellen

Stellst Du fest, dass Dein Profil tatsächlich mit einem Shadowband belegt wurde, so gibt es leider nicht sonderlich viele Optionen, wie Du das Ganze beheben kannst. Vor diesem Hintergrund ist es am sinnvollsten, wenn Du Dir einmal die Zeit nimmst, um in aller Ruhe Deine veröffentlichten Inhalte durchzugehen, um diese auf mögliche Regelverstöße zu untersuchen. Hast Du vielleicht auch Hashtags genutzt, die nicht regelkonform gewesen sind? Solltest Du auf solche Beiträge stoßen, empfiehlt es sich, dass Du diese Beiträge umgehend löschst. Zudem steht es Dir frei, mit Instagram direkt in Kontakt zu treten, um ihnen Dein Problem zu melden. Generell als sinnvoll erachtet ist es auch, dass Du Deine Interaktionen auf Instagram für eine Weile einstellst. Stelle also keine neuen Beiträge ein, hinterlasse keine Kommentare und Likes mehr bei anderen Beiträgen und folge beziehungsweise entfolge niemandem. Ähnlich wie auch bei einem normalen Ban lässt sich keine pauschale Aussage treffen, wie lange ein Shadowban auf Deinem Profil bestehen bleibt. Entscheidend für die Dauer ist mitunter die Anzahl der Male, bei der Deinem Profil bereits ein Ban verhängt wurde. Zudem ist es ebenfalls von Bedeutung, welches genaue Vergehen von Deinem Profil ausgeübt wurde, was zu einem Shadowban führte. In aller Regel kannst Du davon ausgehen, dass es im Schnitt zwischen 1 bis 3 Tagen dauert, bis der Shadowban wieder aufgehoben wird. In Ausnahmefällen kann der Ban jedoch auch für 14 Tage bestehen bleiben.

Fragst Du Dich nun, was eigentlich die Sinnhaftigkeit eines Shadowbans ist?

Allgemein soll der Shadowban eine Bestrafung darstellen, um den Nutzer*innen, die sich nicht an die geltenden Regeln gehalten haben, eine Lehre zu erteilen und sie zu warnen. Ein Shadowban soll dabei die Wirkung entfalten, dass die Nutzer*innen, die den Regelverstoß ausgeübt haben, noch einmal auf die Nutzungsbedingungen aufmerksam gemacht werden.

Das Verhängen eines Shadowbans sorgt also dafür, dass andere Nutzer*innen vor den Inhalten geschützt werden, die das gebannte Profil veröffentlicht. Somit wird der betroffenen Person für einen gewissen Zeitraum die Freiheit entzogen alle möglichen Inhalte zu veröffentlichen, die sie gerne öffentlich machen würden. Ein Shadowban soll sie also dazu bringen, noch einmal zu überdenken, welche Art an Inhalten sie eigentlich veröffentlichen und eine Änderung dieser Inhalte in Erwägung zu ziehen. Sollte dies nicht geschehen, behält Instagram es sich vor, die Nutzer*innen von der Plattform auszuschließen.

Trends auf Instagram

Auch wenn es Instagram bereits seit einigen Jahren gibt und die Plattform sich bereits fest im Marketing etablieren konnte, gibt es noch immer einige Trends, die es zu verfolgen gilt. Zu diesen Trends gehören insbesondere auch die fünfzehn folgenden:

1. **Die Beliebtheit von Stories auf Instagram steigt weiterhin an.**

Im Jahre 2016 wurden sie erstmals eingeführt – die Instagram Stories. Seither nimmt die Beliebtheit der temporären Inhalte immer mehr zu. Schon im Jahre 2020 konnte Instagram mehr als 500 Millionen Nutzer*innen verzeichnen, die tagtäglich einen Blick in die Stories werfen oder diese verwenden. Eine Zahl, die auch für Unternehmen eine erhebliche Bedeutung darstellt.

Aber woran liegt es, dass die Beliebtheit der Instagram Stories immer mehr zunimmt? Tatsächlich gibt es hierfür gleich mehrere Gründe. SO liegt es zum einen daran, dass die Stories sinnvoll platziert sind.- und zwar ganz oben in der App, wodurch sie direkt ins Auge der Nutzer*innen stechen. Außerdem bieten Stories ein gewisses Maß an Exklusivität, so sind sie schließlich nur für einen Zeitraum von 24 Stunden einsehbar. Wer also nicht direkt einen Blick in die Stories hineinwirft, wird schnell von dem Gefühl begleitet, etwas verpassen zu können – und das möchte bekanntlich niemand.

Außerdem geht ein weiterer Vorteil von den Stories für die Ersteller*innen aus. So sind Stories schließlich binnen weniger Augenblicke erstellt und können zugleich auch noch individuell mit Countdowns, externen Links, Musik, interaktiven Stickern, eigenen Story-Filtern, Textfeldern und Umfragen angepasst werden.

Seit Oktober 2021 gibt es zudem eine Neuerung, die es ermöglicht, in den Stories einen Link zu veröffentlichen. Klicken Nutzer*innen diesen Link an, werden sie auf eine andere Webseite weitergeleitet. Wer seine Stories nicht nur für einen Zeitraum von 24 Stunden veröffentlichen möchte, kann diese mithilfe der Highlight-Funktion in bestimmten Alben zusammenfassen. Somit sind die Stories für einen unbegrenzten Zeitraum einsehbar und können zudem direkt prominent in Deinem Profil aufgefunden werden.

Jene Story-Highlights erlauben es Dir, bestimmte Alben mit unterschiedlichen Kategorien zu erstellen, um einen möglichst guten Überblick über Deine Inhalte zu gestalten.

Es ist also zweifellos ein großer Vorteil als Unternehmen auf Instagram zurückzugreifen – nicht zuletzt auch aufgrund der Tatsache, dass monatlich 4 Millionen Unternehmen bereits damit begonnen haben, Anzeigen in ihren Instagram Stories zu verwenden.

2. **Unternehmen wenden zunehmend mehr Budget dafür auf, Werbeanzeigen auf Instagram zu schalten.**

Zu kaum einem Zeitpunkt wurden die Instagram Stories von einem Unternehmen mehr verwendet als es heutzutage der Fall ist. Natürlich führt dies zum einen dazu, dass die Inhalte, die veröffentlicht werden, sich zunehmend mehr an den Nutzer*innen orientieren – andererseits kommt jedoch auch ein höherer Wettbewerb hinzu, bei dem es um die

Gunst und Aufmerksamkeit der Nutzer*innen der Plattform geht. Kaum verwunderlich also, dass eine Vielzahl der auf Instagram vertretenden Unternehmen sich dazu entschließt, zusätzlich Werbeanzeigen zu schalten, um sich selbst einen Vorsprung zu verschaffen. Immerhin sind jene Anzeigen, auch in den Stories direkt, dafür vorgesehen, die Reichweite zu maximieren.

Ein besonderes Augenmerk sollte in diesem Zusammenhang auch auf die Tatsache gelegt werden, dass die Brand Stories in der Verantwortung für circa ein Drittel der Instagram-Views steht. Tatsächlich liegt der Tausend-Kontakt-Preis, kurz TKP, beziehungsweise der Cost-per-Mille, kurz CPM, im Hinblick auf die Instagram Story Ads auf einem unterdurchschnittlich geringen Niveau, weshalb es ausdrücklich angeraten ist, diese Chance für das eigene Unternehmen zu nutzen. So handelt es sich bei Instagram Stories schlichtweg um eine kosteneffiziente Möglichkeit, die das Brand Engagement anregt.

3. Die Anzahl der Sounds für die Stories auf Instagram hat bedeutend zugenommen.

Ob nun in Form von Musik oder doch eines Voiceovers – eine Studie, die durch Facebook direkt anhand von veröffentlichten Stories durchgeführt wurde, ergab, dass gut 80 Prozent der begutachteten Stories bessere Ergebnisse erzielen konnten, wenn sie auf ihre Anzeigen Audio-Elemente schalteten. Dementsprechend naheliegend ist es auch, dass Unternehmen vermehrt mit unterschiedlichen Sounds durch Musik oder Voiceovers arbeiten sollten.

Auf diese Weise besteht eine recht hohe Chance darauf, dass andere Menschen Deine Stories wahrnehmen – und zwar auch akustisch. Dies liegt nicht zuletzt auch daran, dass die Mehrzahl der Nutzer*innen inzwischen die Stories mit eingeschaltetem Ton ansieht, um nichts zu verpassen.

4. Der Feed ist für Entdecker*innen optimiert worden.

Instagram umfasst seit geraumer Zeit die Funktion des sogenannten Entdecker*innen-Feeds, wobei es sich um den Explore-Reiter handelt. Dieser steht förmlich zu keinem Zeitpunkt still. Die Inhalte, die Du in diesem Reiter angezeigt bekommst, richten sich nach einem ausgefeilten Algorithmus. Dieser erlaubt es Dir nicht nur normale Beiträge zu finden, sondern auch Instagram Videos, Reels und Stories, die sich an den Interessen Deines Profils orientieren. Um den Algorithmus optimal aufzusetzen hat Instagram ein dreistufiges Modell entwickelt, dessen Aufgabe daran besteht, den perfekten Content für Dich zu finden und für Dich auszuspielen. Darüber hinaus kannst Du in dem besagten Explore-Tab einen Navigationsbalken finden, der dazu dient, unterschiedliche Themenbereiche anzuzeigen und Dir den Zugang zu Instagram Videos zu erleichtern.

5. Die Funktionen im Bereich des Instagram Shoppings haben zugenommen.

2020 erweitertete Instagram die Funktion des Shoppings – und zwar nicht nur als einen völlig eigenen Tab, der über die Navigation aufgerufen werden kann, sondern die bereits bestehenden Möglichkeiten wurden auch gleich erweitert. Der Grund für jene Erweiterung bestand schlichtweg darin, dass die Nutzer*innen sich gezielter auch auf

Instagram nach neuen Produkten umzusehen begannen. Während es zuvor lediglich möglich gewesen ist, die beworbenen Produkte der Shops zu speichern, um dann zu einem späteren Zeitpunkt den Kauf direkt über die Webseite des Shops vornehmen zu können, besteht mittlerweile die Möglichkeit dazu direkt aus der App heraus auf die entsprechende Produktseite weitergeleitet zu werden. Welche Produkte Dir schlussendlich im entsprechenden Feed angezeigt werden, hängt vor allem davon ab, welches Nutzungsverhalten Instagram ausgehend von Deinem Profil erkennt. Neben diesen Funktion ist es nun auch möglich, dass Du die entsprechenden Produkte unmittelbar in Deine Story übernimmst, um sie so mit Deinen Follower*innen zu teilen.

Außerdem haben die Nutzer*innen die weiterführende Option, all die Produkte, die ihnen gut gefallen, zu einer Wunschliste beizufügen. Da Instagram einen deutlichen Aufwärtstrend der Shoppingkategorie auf Instagram feststellen konnte, wird der Fokus auch künftig darauf liegen, das Shoppen direkt aus Instagram für die Nutzer*innen noch mehr zu vereinfachen.

6. **Instagram fokussiert sich immer mehr darauf, auch für die Videos bekannt zu werden.**

Dadurch, dass Instagram den Fokus immer mehr auch auf das Veröffentlichen von Videos rückt, macht es insbesondere aus Unternehmenssicht durchaus Sinn, sich diesen voranschreitenden Trend zu Nutze zu machen. Auch eine Studie, die durchgeführt wurde, zeigt, dass 80 Prozent des Traffics, der im Internet stattfindet, auf der ganzen Welt auf Videoinhalte zurückgreift – Tendenz steigend.

Für eine gewisse Weile sah Instagram es vor, dass Videoinhalte wahlweise über die Stories oder den Feed gepostet werden. Im Laufe der Zeit kamen ergänzend auch die Funktionen des IGTV sowie der Reels hinzu. Mittlerweile hat sich Instagram dazu entschlossen, einige der Features zusammenzulegen, weshalb aus IGTV schlichtweg nur noch Instagram Videos wurde.

Solltest Du Instagram nutzen wollen, um Dein Unternehmen hierdurch effektiv voranzubringen, so empfiehlt es sich, dass Du Dich mit Deinen Video-Inhalten möglichst breit aufstellst und die unterschiedlichen Möglichkeiten der Distribution nutzt. So kann es Dir gelingen einen direkten Kontakt zu Deiner Zielgruppe herzustellen und in ihren Gedanken eingeprägt zu bleiben.

Insbesondere das Format der Reels stellt eine überaus gute Möglichkeit dar, um vom Instagram Algorithmus präferiert zu werden.

7. Allmählich fließen immer mehr Einflüsse aus TikTok in Instagram ein.

Vor einigen Jahren machte sich eine aus China stammende Plattform , die als TikTok bekannt wurde, einen Namen im Bereich des Video-Sharings. Aufgrund der immensen Anzahl an Downloads der App moserte sich die App zu einem echten Konkurrenten für Instagram.

Instagram zeigte daraufhin eine Reaktion, indem die Plattform im August 2020 die Funktion der Reels veröffentlichte, die starke Ähnlichkeiten zu dem Prinzip von TikTok aufweist. Dieses neue Tool von Instagram erlaubte es den Nutzer*innen kurzweilige Videoclips zurechtzuschneiden und die passende Musik dafür auszuwählen. Diese Funktion nutzten schon kurze Zeit später auch namhafte Marken wie beispielsweise Louis Vuitton für sich, um eine große Gruppe an Nutzer*innen zu erreichen – mit Erfolg. Eine Vielzahl der Reels solcher Unternehmen verzeichnen gut und gerne mehrere Millionen Aufrufe, was auch ein erhebliches Potenzial für 2022 mit sich bringt.

Doch was ist an der Funktion so besonders, dass sie bei den meisten zu einer solch erheblichen Beliebtheit gerät? Im Grunde genommen ist die Antwort so kurz wie auch simpel – sie passt zum Zeitgeist. Gerade die modernen Nutzer*innen der Social Media Plattformen sind stetig auf der Suche nach neuem „snackable Content", wobei es sich um Inhalte handelt, die binnen kürzester Zeit angesehen werden können. Kaum verwunderlich also, dass diese Inhalte immer mehr zum Begleiter an Bushaltestellen, in Wartezimmern und ähnlichem werden.

8. Die Verwendung der Augmented Reality schreitet immer mehr voran.

Gewisse Filter ermöglichen es den Nutzer*innen virtuelle Effekte anzuwenden und sich mit diesen zu schmücken. Eine besondere Anziehungskraft ist dementsprechend nicht von der Hand zu weisen – und somit auch eine erhebliche Attraktivität für die Anwendung für Dein eigenes Unternehmen. So besteht die Möglichkeit, dass Du Deine eigenen Filter anlegst, die speziell auf Dein Unternehmen ausgelegt sind. Die Erstellung solcher Filter ist beispielsweise durch das Tool Spark AR möglich, welches frei zugänglich ist. Somit kannst DU problemlos Filter für Dein Unternehmen erstellen, die Deine Marke repräsentieren und für die Nutzer*innen zugleich einen gewissen Unterhaltungswert mit sich bringen. Dieser Umstand erlaubt es Dir, Deine Inhalte mit dynamischen Effekten zu verbessern und die von Dir angelegten Filter auch mit Deiner Community zu teilen.

9. Sei dank der Live-Funktion immer mit dabei.

Mit Eintritt der Pandemie im Jahre 2020 erfreute sich das Live-Format auf Instagram einer erheblichen Bekanntheit und mauserte sich zum Favoriten schlechthin. Der Grund bestand vor allem darin, dass die Menschen sich, wenn nicht mehr in Persona, zumindest virtuell wieder miteinander treffen und näher zusammenrücken wollten. Dies offenbart auch der erhebliche Sprung der Nutzung im Jahre 2020 um ganze 70 Prozent nach oben.

10. Crosspostings finden immer häufiger statt.

Bei Crosspostings handelt es sich um das Veröffentlichen von Inhalten, die ursprünglich schon einmal auf einer anderen Plattform veröffentlicht wurden. Mit der zunehmenden Begeisterung für andere Plattformen entwickelte sich auch das Crossposting auf Instagram weiter. So kommt es nicht selten vor, dass Nutzer*innen ihre Inhalte auf TikTok oder Twitter veröffentlichen und sie diese Inhalte dann so aufbereiten, dass sie auf Instagram ebenfalls einsetzbar sind. Auch für Dein Unternehmen können Crosspostings von Bedeutung und überaus wertvoll sein. So kannst Du Inhalte speziell für TikTok oder auch Twitter produzieren, die Du dann nachhaltig auch auf Instagram nutzen kannst. Hieraus entsteht zudem ein positiver Nebeneffekt, denn durch das Crossposting wird die Aufmerksamkeit der Nutzer*innen auf die unterschiedlichsten Social-Media-Präsenzen eines Unternehmens gelenkt. So können die Social Media Kanäle sich untereinander gegenseitig bereichern, was zur Entstehung gewisser Synergien führt.

11. Die Bedeutung von Nano-Influencer*innen als Kooperationspartner*innen nimmt zu.

Gerade auf Instagram spielt das Influencer-Marketing eine erhebliche Rolle, die zugleich einige Veränderungen mit sich bringen kann. So haben viele Unternehmen ihren Fokus weg von großen Influencer*innen hin zu Nano-Influencer*innen verlegt. Bei den sogenannten Nano-Influencer*innen handelt es sich um Nutzer*innen der Plattform, deren Anzahl an Follower*innen unter 10.000 Menschen liegt. Die Inhalte, die von diesen Personen veröffentlicht. werden, richten sich vorrangig an die eigenen Bekannten, Familienmitglieder sowie auch den Freundeskreis. Der Grund für das Interesse der Unternehmen an solchen Influencer*innen liegt vor allem darin begründet, dass sie engere Verstrickungen mit ihrer eigenen Community besitzen. Dementsprechend persönlich ist auch das Verhältnis zueinander und desto leichter können diese Personen auch einen direkten Einfluss auf andere nehmen. All dies sind Faktoren, die besonders wichtig sind. Immerhin resultiert hieraus neben einer höheren Engagement-Rate auch eine verbesserte Glaubwürdigkeit, was auch für das Unternehmen positive Konsequenzen mit sich bringt. Somit ist die Quantität hier zumeist häufiger vorhanden als die Qualität.

Eine Studie, die Socialbakers durchführte, offenbart diese Entwicklung auch noch einmal. So setzen immer mehr Unternehmen vor allem auf Creator*innen, die eine geringere Anzahl an Follower*innen besitzen. Im Gesamtbetrachtungszeitraum kam es zu dem wohl größten Wachstumsschub an Werbedeals mit den sogenannten Nano-Influencer*innen.

Ebenso stiegen auch die Werbekooperationen, die mit Micro-Influencer*innen durchgeführt wurden. Einbußen mussten hingegen Influencer*innen machen, die größere Profile und somit eine Vielzahl an Follower*innen besitzen.

Auch 2022 stellen die Kooperationen mit Nano-Influencer*innen einen bedeutenden Baustein im Bereich des Influencer-Marketings dar, weshalb sie als Bestandteil Deiner Marketing-Strategie keinesfalls vernachlässigt werden sollten.

12. Die zunehmende Bedeutung der Nachhaltigkeit.

Häufig werden Influencer*innen direkt mit neuen Produkten in Verbindung gebracht, die sie auf ihren Profilen groß anpreisen. Jedoch ist dies entgegen vielen Vermutungen so nicht ganz richtig, denn in der letzten Zeit hat sich ein Trend der sogenannten „Sinnfluencer*innen" entwickelt.

Unter Sinnfluencer*innen kannst Du Influencer*innen verstehen, die es sich zur Aufgabe gemacht haben, Botschaften zu verbreiten, die einen ökologischen, politischen oder auch sozialen Zusammenhang besitzen. Dementsprechend wirst Du bei diesen Influencer*innen häufig auf Tipps treffen, die Dir erklären, wie Du Dein Leben nachhaltiger leben kannst. So findest Du neben Tipps für das nachhaltige Einkaufen auch Inspirationen von Second-Hand-Shopping, Informationen über die Bedingungen, unter denen viele Produkte produziert werden sowie auch über den

Umweltschutz. Die Botschaften, die die Sinnfluencer*innen dabei zu vermitteln versuchen, treffen oftmals auf eine recht große Zielgruppe. Dies liegt nicht zuletzt daran, dass das Thema des Klimawandels die Menschheit in den letzten Jahren bereits erheblich begleitet hat und eine akute Bedrohung darstellt. Vor allem in der jüngeren Generation besteht ein verstärktes Bewusstsein gegenüber Nachhaltigkeit und Umweltschutz.

Jener Wandel von Sinnfluencer*innen ist allerdings nicht neu, denn schon im Facebook Topics & Trends Report aus dem Jahr 2019 ließen sich bereits Sinnfluencer*innen erkennen.

13. Es entwickelt sich ein zunehmendes Bewusstsein für die mentale Gesundheit.

Im 2022 Instagram Trend Report wird ersichtlich, dass ein Wandel der Einstellung der Nutzer*innen gegenüber ihrer Arbeit und ihres Lebens stattfindet. Im Rahmen der durchgeführten Befragung gaben 68 Prozent der Personen an, dass der Beruf, dem sie nachgehen, keinesfalls das Wichtigste in ihrem Leben darstellt. Vielmehr investieren sie ihre Energie und ihre Zeit in Dinge, die sie für eine verbesserte mentale Gesundheit ausüben.

Dies stellt mitunter einen Grund dafür dar, dass Bastelarbeiten, das Umgestalten der Wohnung sowie auch Workouttipps bei Instagram eine hohe Beliebtheit erfahren.

Jene Trends kannst auch Du für Dein Unternehmen aufgreifen, indem Du die passenden Inhalte für diese Bedürfnisse produzierst. Idealerweise kannst Du hierfür auch auf die Funktion der Reels zurückgreifen.

Weiterhin lohnenswert sind auch Kooperationen, die Du mit Influencer*innen durchführst, die einen direkten Bezug zu Themen wie Mental Health und Kreativarbeiten besitzen.

14. Fashion und Games verschmelzen immer mehr miteinander.

Vor allem die jüngere Generation scheint von Computer- und Videospielen förmlich fasziniert zu sein. Die Pandemie trug ihr übriges dazu bei, der Szene noch einmal einen ordentlichen Aufschwung zu verleihen. Nur im ersten Halbjahr des Jahres 2021 kam es zu einem Wachstum von ganzen 22 Prozent. Jenes Wachstum lässt sich auch auf den beliebten Plattformen für Fotos und Videos erkennen, auf denen immer mehr Gaminginhalte veröffentlicht werden. Besonders häufig sind diese Inhalte zudem auch in Livestreams vertreten. Weiterhin zeigt auch der Trend Report aus 2022, dass es zu einer voranschreitenden Verschmelzung von Games- und Fashion-Zielgruppen kommt. Auch Markenkleidung, die speziell für die Avatare in den Spielen produziert wird, erfreut sich einer zunehmenden Beliebtheit. Das Geld, was viele Gamer*innen verdienen, investieren sie häufig in Kryptowährungen weiter. Dass genau dies durchaus lohnenswert ist, lässt sich anhand der Zahlen erkennen. Es kam zu einem 50-prozentigen Anstieg des Interesses gegenüber virtuellen Gütern, in deren Kategorie auch die Kleidung für Avatare hineinfällt.

15. Memes erklimmen die Herzen der Nutzer*innen.

Schon seit mehr als 20 Jahren stellen Memes einen festen Bestandteil der Netzkultur des Internets dar. Kaum verwunderlich demnach, dass auch auf Instagram eine Vielzahl an Memes mit den Nutzer*innen geteilt wird.

Bei Memes handelt es sich um Montagen von Bildern, die den Humor ansprechen sollen. Besonders beliebt sind diese Bildmontagen bei der jungen Zielgruppe, da sie ihnen helfen können, Zeiten der Unsicherheit zu überwinden.

Besonders beliebt sind vor allem jene Memes, die einen absurden Humor umfassen, da sie eine Hilfestellung bei der Aufarbeitung ernster Themen darstellen können. Gleich beliebt sind allerdings auch Bilder, die sich mit Kryptowährungen beschäftigen.

Wenn also auch Du Wert darauflegst, die Aufmerksamkeit auf Dich und Dein Unternehmen zu ziehen, solltest Du bestenfalls ebenfalls humorvolle Memes konzipieren, die bei Deinen Follower*innen positive Empfindungen und Emotionen hervorrufen.

”

Marketing ist die Kunst, Chancen aufzuspüren,
sie zu entwickeln und davon zu profitieren.

- Philip Katler

INSTAGRAM RICHTIG VERWENDEN

Warum ist es so wichtig, dass DuInstagram richtig verwendest?

Instagram ist die ideale Plattform, wenn es darum geht, eine Beziehung zu Deinen Kund*innen und Fans aufzubauen, die sowohl emotional als auch persönlich geprägt ist. Dies schaffst Du durch das Veröffentlichen von Fotos, denn diese sagen zumeist deutlich mehr über Dich und Dein Unternehmen aus als Du es in einem langen Blog-Beitrag niederschreiben könntest.

Darüber hinaus stellt Instagram zugleich eines der wohl am schnellsten wachsenden Netzwerke dar, welches auf der Beliebtheitsskala von kaum einer anderen Plattform überboten werden kann. Allein in Deutschland zeigen die Zahlen eine monatliche Nutzung durch 15 Millionen Personen.

Gerade dann, wenn Du eine jüngere Zielgruppe ansprechen möchtest, ist Instagram geradezu unverzichtbar. 26 Prozent der Nutzer*innen lassen sich in die Altersspanne von 14 bis 29 Jahren einordnen, die zugleich auch noch ein überdurchschnittlich hohes Einkommen besitzen.

Selbst im Vergleich mit Twitter kann Instagram durch deutlich mehr Nutzer*innen glänzen.

Tatsächlich sollte Instagram in jedem Fall nicht unterschätzt werden. So ist es durchaus nicht unüblich, dass ein gewisses Suchtpotenzial von der Plattform ausgeht. Wer die Plattform erst einmal aufruft, verbringt gut und gerne einmal ein Minimum von 20 Minuten auf der Seite, ohne es wirklich aktiv wahrzunehmen. Dies offenbaren auch einige Statistiken.

Wer einen Blick auf die Interaktionsrate bei Instagram wirft, wird schnell feststellen können, dass die Nutzer*innen auf Instagram besonders aktiv sind. Dies gilt vor allem im Hinblick auf das Verteilen von Kommentaren und Likes. Im Direktvergleich mit der Interaktionsrate von Facebook übersteigt Instagram diese um ganze 58 Mal.

Und auch die Nutzungsdauer, die die Nutzer*innen im Durchschnitt auf Instagram pro Tag verbringen, ist nicht zu unterschätzen. So verbringen allein die Nutzer*innen im Alter von unter 25 Jahren tagtäglich durchschnittlich 32 Minuten auf der Plattform.

Da Instagram seit einigen Jahren Facebook zugehörig ist, ist auch ein Crossposting ohne weiteres möglich. Binnen eines einzigen Klicks kannst Du die Inhalte von Instagram direkt auch auf Deinem Facebookprofil mit Deinen Anhänger*innen teilen.

Die Einrichtung von Instagram

Um Instagram nun aktiv verwenden zu können, besteht der erste Schritt zunächst darin, Dir die App herunterzuladen. Ist das erledigt, geht es um die tatsächliche Einrichtung. In erster Linie solltest Du Dich mit der Frage beschäftigen, ob es für Dich sinnvoller ist, Dein Profil privat oder doch lieber öffentlich einzurichten. Solltest Du aber mit Deinem Profil Werbung schalten wollen oder grundsätzlich Dein Business bewerben, so ist es anzuraten, dass Du Dir nicht nur ein öffentliches, sondern vor allem ein Unternehmensprofil anlegst. Dazu aber gleich mehr, denn zunächst geht es darum, dass Du Dir ein richtiges Mindset anlegst, mit dem Du Dein Instagramvorhaben angehst, denn ohne dieses wird es Dir nicht gelingen können, Instagram so zu nutzen, dass es auch für andere Nutzer*innen ansprechend wirkt.

Doch was bedeutet das konkret?

Im Grunde genommen geht es darum, dass Du Dir vornimmst, Dein Instagramprofil möglichst persönlich aufzustellen. Als ideale Richtlinie kannst Du Dich hierbei an der Nutzung von Facebook orientieren. Wenn Du also beispielsweise Dein Profil einrichten möchtest, um als Berater*in, Coach oder ein anderes Business tätig zu werden, was sich auf Deine Person als solche bezieht, so ist es wichtig, dass Du Dein Profil mitsamt Deinem eigenen Profilbild und Deinem Namen einrichtest.

Wenn es hingegen darum geht, dass Du ein Business aufziehen und publik machen möchtest, bei dem nicht Du als Person im Fokus stehst, wie es beispielsweise bei einem Onlineshop, einem Restaurant oder einem Business mit mehreren Angestellten der Fall ist, so solltest Du Dein Profil so einrichten, dass das Logo Deines Unternehmens als Profilbild agiert und der Unternehmensname als der Klarname genutzt wird. Auch, wenn der Vorgang an sich der selbe ist, wie bei Deinem ganz persönlichen, privaten Instagramprofil, empfiehlt es sich doch, dass Du ein Unternehmensprofil anlegst.

Aber warum?

Nun, von außen mag sich ein Unternehmensprofil zunächst nicht bedeutend von einem persönlichen Profil unterscheiden. Doch gerade dann, wenn es darum geht, Dein Profil als ein Marketinginstrument zu verwenden, ist es unumgänglich, dass Du ein Unternehmensprofil anlegst. Ein solches Konto bietet Dir immerhin diverse Optionen, die Du mit einem privaten Profil schlichtweg nicht nutzen kannst.

Zum einen wird den Nutzer*innen und den Besucher*innen Deines Profils ein sogenannter Kontaktbutton angezeigt. Über diesen haben die Personen, die auf Dein Profil kommen, die Möglichkeit direkt per Email oder Telefon mit Dir in Kontakt zu treten, ohne dass sie im Vorhinein zunächst Deine Webseite aufrufen und die Information von dort beziehen müssen.

Außerdem bietet Dir ein Unternehmensprofil die Chance, Statistiken zu verwenden, die eine genaue Analyse zulassen. Statistiken sind besonders dann von Vorteil, wenn Du Dir über etwas ein konkretes Bild verschaffen möchtest. Ohne diese Statistiken wäre es Dir lediglich möglich, vage Vermutungen anzustellen, wer eigentlich konkret Dein Profil verfolgt. Diese Funktion, die auch als „Instagram Insights" bekannt ist, zeigt Dir zu jedem einzelnen Deiner veröffentlichten Beiträge an, welche Impressionen damit in Verbindung stehen, welche Interaktionen stattgefunden haben und welche Reichweite der jeweilige Beitrag erzielen konnte. Dies ermöglicht es Dir herauszufinden, welche Beiträge konkret für Deine Zuschauer*innen von Interesse sind und zu welcher Uhrzeit es sich am ehesten anbietet, Deine Beiträge zu veröffentlichen, um möglichst viele Kommentare und Likes erzielen zu können. Auf diese Weise kannst Du eine genauere Planung Deiner zukünftigen Beiträge vornehmen.

Doch damit nicht genug, denn die beliebten Instagram Insights zeigen Dir auch an, welche Altersstruktur Deine Zuschauer*innen besitzen, wo sie genau herkommen und welchem Geschlecht sie zugehörig sind. So kannst Du binnen eines Blickes abschätzen, ob Du bisher bereits jene Kund*innen erreichen kannst, die Du Dir für Dein Unternehmen wünschst.

Des Weiteren erlaubt Dir ein Unternehmenskonto, dass Du binnen weniger Schritte bezahlte Anzeigen aufgibst. Diese ermöglichen es Dir nicht nur, Deine Zielgruppe rein automatisch bestimmen zu lassen, sondern auch, Deine ganz eigene Zielgruppe zu definieren. Im Anschluss an Deine Zielgruppendefinition hast Du die Möglichkeit festzulegen, über welche Dauer Deine Anzeigen ausgespielt werden sollen und welches Budget Dir hierfür zur Verfügung steht. Sobald Du diese Schritte erledigt hast, ist bereits Deine erste Werbeanzeige veröffentlicht. Wichtig ist in diesem Zusammenhang, dass Du bedenkst, dass Du für diese Art der Anzeigen lediglich Beiträge verwenden kannst, die Du zuvor bereits auf Deinem Instagramprofil veröffentlicht hast. Dementsprechend sinnvoll kann es sein, dass Du die Werbeanzeigen direkt aus dem Facebook-Werbeanzeigenmanager heraus erstellst, da Du in aller Regel dort bereits eine Zielgruppe festgelegt hast.

Nun, wo Du die zahlreichen Vorteile kennst, die mit einem Unternehmensprofil einhergehen, möchtest Du Dein Konto womöglich ebenfalls in ein Unternehmensprofil umwandeln. Dies ist binnen weniger Sekunden erledigt und kostet Dich keine Kosten oder Mühen. Öffne zum Verändern Deines Profils einfach die Instagram-App auf Deinem mobilen Endgerät und tippe in der rechten unteren Ecke auf Dein Profilbild, sodass Du auf Dein eigenes Profil gelangst. Tippe dann in der oberen rechten Ecke auf „Einstellungen", um dort dann unter Konten die Option „In Business Profil umwandeln" auszuwählen. Und schon siehst Du, dass Dein Profil auf Instagram fortan als ein Unternehmensprofil gelistet wird.

Deine Bilder

Wie Du bereits weißt, sind Bilder bei der Verwendung von Instagram entscheidend für Deinen Erfolg. Umso wichtiger ist es, dass Du Dir eine erkennbare, visuelle Identität erschaffst. Dies gelingt Dir am besten, wenn Du Themenbereiche für Dich festlegst, die immer wiederkehren und sich rotieren lassen. In einigen Fällen ist es von vornherein klar, welcher Content auf dem eigenen Profil veröffentlicht werden sollte. Du besitzt eine Bekleidungslinie? Dann solltest Du natürlich Deine Mode zur Präsentation stellen. Du besitzt ein Restaurant? Dann sollte es ein Grundverständnis sein, dass Du Dein Profil regelmäßig mit Fotos von Deinen Gerichten bespielst. Auch für Dienstleister*innen ist es häufig schnell erkennbar, welche Inhalte Sinn ergeben. Nicht zuletzt bestehen diese aus Stories von Kund*innen oder Blicken hinter die Kulissen inklusive dem Büroleben und den Menschen, die hinter dem Unternehmen stehen. Es kann durchaus hilfreich sein, wenn Du zulässt, dass Du von anderen Marken inspiriert wirst. Eine Fluglinie hat es sich beispielsweise zur Aufgabe gemacht, nicht nur aus dem Flugzeug Beiträge zu veröffentlichen, sondern auch von spannenden Reisezielen oder Reiseannehmlichkeiten. Dies sorgt für Abwechslung, was auch bei den Follower*innen auf Zuspruch stößt.

Hast Du erst einmal die festen Themen für Dich festgelegt, kannst Du Dich daran machen, einen einheitlichen visuellen Look zu entwickeln. Neben der entsprechenden Farbpalette schließt dies auch die Gesamtästhetik ein, die bei den Nutzer*innen zu einem gewissen Wiedererkennungswert führen sollte.

Aber was an Deinen Fotos ist nun genau wichtig?

Deine Fotos sollten schlichtweg großartig sein! Dafür ist es gar nicht zwingend erforderlich, dass ein*e Profi-Fotograf*in ans Werk geht oder Du eine professionelle Fotoausrüstung beschaffen musst. Tatsächlich kann selbst Dein Smartphone zu Deinem besten Freund werden, um geeignete Fotos für Instagram zu schießen, die Du auch direkt von diesem Gerät aus auf Instagram veröffentlichen kannst. Solltest Du natürlich das entsprechende Budget besitzen, spricht grundsätzlich aber nichts dagegen, dass Du auf professionelle Fotograf*innen, Illustrator*innen oder Künstler*innen zurückgreifst, die Deine Instagrambilder für Dich erstellen. Gleichermaßen spricht aber wie erwähnt auch nichts dagegen, dass Du die Bilder selbst erstellst –

beachte hierbei jedoch die sechs nachstehenden Aspekte:

1. Verwende am besten natürliches Licht.

Es gibt kaum einen Menschen, der wirklich gut aussieht, wenn der Blitz des Endgerätes dafür sorgt, dass ölige Stellen im Gesicht betont werden oder sich merkwürdige Schatten im Gesicht ergeben. Dies gilt dabei nicht nur für Aufnahmen von Menschen, sondern ebenso auch von Produkten. Um diese Schatten weicher zu gestalten, die Farben aber zugleich satter wirken zu lassen, ist es sinnvoll, dass Du mit natürlichem Licht arbeitest. Dies sorgt zudem auch dafür, dass Deine Bilder am Ende umso schöner aussehen.

2. Vermeide zu grelles Licht.

Die ideale Tageszeit für eine Fotosession ist der späte Nachmittag. Auch bewölkte Tage eignen sich ideal, um am Spätnachmittag Bilder zu machen. Weniger geeignet sind hingegen sonnige Tage, an denen Dich die Sonne stark anstrahlt.

3. Arbeite anhand der Drittel-Regel.

In der Regel verfügt die Kamera Deines Handys über die Funktion, ein Raster einzublenden. Dieses kann Dir dabei helfen, die Drittel-Regel umzusetzen. Entsprechend dieser solltest Du das Motiv, was den Fokus Deines Bildes darstellen soll, so platzieren, dass es sich dort befindet, wo die Rasterlinien aufeinandertreffen. Dies ist in dem Fall zwar nicht mittig, dennoch aber ausgewogen.

4. Probiere es mit unterschiedlichen Blickwinkeln.

Nicht immer ist ein frontales geschossenes Bild der optimale Blickwinkel. Dementsprechend solltest Du Dich am besten ausprobieren und die unterschiedlichsten Winkel testen. Gehe für das Foto also auch einmal in die Hocke oder stelle Dich auf einen Stuhl. Sei Dir nicht dafür zu schade, neue Dinge und Winkel auszuprobieren, um das bestmögliche Foto schießen zu können. Werde hierfür aber nicht waghalsig oder gehe jegliches Risiko ein.

5. Keep it simple.

Es klingt simpel und das ist es auch – sorge dafür, dass Dein Bild auf den ersten Blick bereits verständlich ist.

6. Sorge dafür, dass es ausreichend Kontraste gibt.

Mit Kontrasten sorgst Du für ein ausgewogenes Verhältnis auf Deinem Bild. Durch Kontraste kannst Du also dafür sorgen, dass der Inhalt Deines Bildes nicht nur leichter zu erkennen ist, sondern auch einfacher zugänglich.

Das Setzen von Hashtags

Hashtags erleichtern es den Nutzer*innen, bestimmte Inhalte finden zu können. Immerhin sind die Bildunterschriften der Beiträge nicht durchsuchbar, während es Hashtags im Gegensatz dazu schon sind. Hashtags sind kleine Schlüsselwörter, die Du mit einem # unter Deinen Beiträgen setzen kannst. Wenn Du also einen Hashtag antippst oder gezielt nach diesem suchst, werden Dir all die Inhalte angezeigt, die zu diesem Hashtag zugehörig sind. Durch die Verwendung von Hashtags können also die eigenen

Inhalte Menschen, die bisher noch nicht Deine Follower*innen sind, nähergebracht werden.

Neben den gängigen Hashtags kannst Du auch Deinen ganz eigenen Hashtag für Deine Marke etablieren. Ein solch gebrandeter Hashtag sorgt nicht nur dafür, dass Deine Marke verkörpert wird, sondern bringt gleichermaßen auch eine gewisse Motivation für Deine Follower*innen mit sich, Deine Fotos und Videos weiterzuverbreiten. Dementsprechend können Hashtags im Hinblick auf nutzergenerierte Inhalte förmlich zu einer sprudelnden Quelle werden und zu einer Förderung Deiner Community führen.

Sobald Du auch nur mindestens einen einzigen Hashtag unter Deinen Beiträgen setzt, erreichst Du im Schnitt eine höhere Engagementrate von 12,6 Prozent. Das heißt Du erhältst deutlich mehr Kommentare und Likes, als es bei einem Beitrag der Fall wäre, bei dem Du keine Hashtags verwendest.

Aber wie genau funktioniert das Prinzip der Hashtags?

Im Grunde genommen funktionieren Hashtags auf Instagram wie ein Index. Sobald Du also einen neuen Beitrag auf Deinem Profil veröffentlichst und darunter einen Hashtag einsetzt, ist dieser Beitrag automatisch nicht mehr nur noch in Deinem eigenen Profil einsehbar. Vielmehr machst Du Deinen Beitrag mittels der Hashtags für andere zugänglich, die den Hashtag aufrufen.

Zu jedem einzelnen Hashtag gibt es eine eigene Hashtag-Seite, die alle Beiträge sammelt, die mit dem identischen Hashtag versehen worden sind. Sobald es also zu Deiner Zielsetzung gehört, nicht nur die Leute auf Instagram zu erreichen, die Dich ohnehin bereits kennen und Dir vermutlich bereits folgen, ist es sinnvoll, dass Du Hashtags einsetzt. Dennoch solltest Du einige Aspekte beachten, um die Hashtags wirklich effizient anzuwenden.

Einer dieser Aspekte besteht darin, dass Dein Profil öffentlich eingestellt sein muss, da Dein Beitrag ansonsten über die Hashtags nicht gefunden werden kann. Grundsätzlich solltest Du aber, wie Du bereits erfahren hast, ohnehin auf ein Unternehmensprofil zurückgreifen, da Dir dieses eine Vielzahl an Vorteilen einbringt.

Darüber hinaus solltest Du bedenken, dass Du nicht schlichtweg alles als einen Hashtag nutzen kannst. Dies bezieht sich insbesondere auf Sonderzeichen, wie es beispielsweise /, &, %, $ und ähnliche sind, da diese als Hashtags nicht funktionieren.

Auch solltest Du unter Deinen Beiträgen bedenken, dass Du lediglich Platz für das Setzen von 30 Hashtags, in Deiner Instagram Story sogar nur für 10 Hashtags, hast. Generell ist allerdings aufgrund des Risikos eines Bans davon abzuraten, die volle Kapazität an möglichen Hashtags auszuschöpfen.

Um Hashtags allerdings so sinnvoll wie nur möglich einzusetzen, solltest Du wissen, dass es unterschiedliche Typen von Hashtags gibt. Somit ist ein Hashtag nicht gleich ein Hashtag. Unterschieden werden Hashtags in Community Hashtags, gebrandete Hashtags und Kampagnen Hashtags.

Die Community Hashtags

Community Hashtags dienen vor allem dem Zweck, dass Nutzer*innen, die sich für ein bestimmtes Thema interessieren, zusammengebracht werden. Dementsprechend stellen Community Hashtags die ideale Möglichkeit dafür dar, neue interessierte Personen zu finden, den Aufbau der Reichweite voranzubringen, neue Follower*innen für sich zu begeistern und den Aufbau einer eigenen Community auf Instagram anzustreben.

Tatsächlich sind aber auch Community Hashtags nicht gleich Community Hashtags, sondern können ebenfalls noch weiter unterteilt werden. So gibt es Community Hashtags, die einen Bezug auf eine bestimmte Dienstleistung oder ein Produkt nehmen. Dies wären beispielsweise Hashtags wie #Bierbrauerei oder #Fotoalbum.

Auch gibt es Community Hashtags, die dafür vorgesehen sind, Menschen miteinander in Verbindung zu bringen, die aus einer bestimmten Subnische stammen. Dies könnten Hashtags sein wie #Hochzeitsfotograf oder #Landschaftsfotograf. Gleichermaßen gibt es aber auch Community Hashtags, die sich auf ein bestimmtes Event oder eine spezifische Jahreszeit beziehen. So könntest Du auf Hashtags wie. #glowcon2022 oder #sommer stoßen.

Zudem gibt es Community Hashtags, die für bestimmte Locations und Orte vorgesehen sind. Dementsprechend kannst Du auf Instagram mitunter auch Hashtags wie #hamburgmeineperle oder #bremerstadtmusikanten finden. Des Weiteren findest Du auf Instagram auch tägliche Hashtags, wie beispielsweise #dickbauchdienstag oder #throwbackthursday sowie Hashtags, die dafür sorgen sollen, Menschen, die gemeinsame Interessen pflegen, zusammenzubringen, wie zum Beispiel #strickenmachtglücklich oder #germanmomblogger.

Am besten ist es, wenn Du nicht nur einzelne Community Hashtag Kategorien verwendest, sondern eine Mischung aus unterschiedlichen Hashtags. Dies sorgt für eine Maximierung der Chance, dass Dein Profil von anderen Menschen gefunden werden kann und Du die verschiedensten Menschen erreichst.

Um die richtigen Community Hashtags für Dich zu finden, solltest Du Dich zunächst damit befassen, welche Hashtags andere Unternehmen in Deiner Nische eigentlich nutzen und welche Hashtags generell in Deiner Nische angebracht sind. Gibt es eventuell auch Influencer*innen, die bestimmte Community Hashtags im gleichen Zusammenhang verwenden?

Natürlich steht es Dir auch offen, Deinen ganz eigenen Community Hashtag zu erfinden. Hierbei solltest Du beachten, dass Du so tief, wie es Dir möglich ist, in die Nische hineingehst, um das Thema für Deine Zielgruppe bestmöglich treffen zu können. Somit wäre ein Hashtag wie #Gemüseanbau schlichtweg zu breit aufgestellt, während #organischergemüseanbau zwar durchaus mehr zu einer Nische passt, jedoch recht lang ausfällt. Stattdessen wäre der ideale Hashtag in diesem Fall also #biogemüseanbau, da er sowohl präzise als auch verständlich ist.

Die gebrandeten Hashtags

Bei einem gebrandeten Hashtag handelt es sich um einen Hashtag, der einen engen Zusammenhang mit Deinem eigenen Unternehmen aufweist. Somit könnte ein gebrandeter Hashtag beispielsweise in einem Namen Deines Produktes, dem Namen einer aktuellen Marketing-Kampagne, Deinem Slogan oder sogar Deinem Unternehmensnamen bestehen. Zudem gibt es aber tatsächlich auch gebrandete Hashtags, die nicht direkt einen Bezug zu Deinem Unternehmen aufweisen, aufgrund der Markenidentität oder bestimmter Markenwerte aber dennoch einen Rückschluss zulassen.

Während es bei den Community Hashtags vorrangig darum geht, dass Du Dir eine gewisse Reichweite aufbaust, geht es bei den gebrandeten Hashtags um eine direkte Herstellung eines Drahts zwischen Deinen Follower*innen und Deinem Unternehmen.

Somit sind gebrandete Hashtags ideal dafür geeignete, Promotion für Deine Produkte zu betreiben und Beiträge von anderen Nutzer*innen zu finden, die in diesen Dein Produkt erwähnen.

Für Dich ist es nahezu ein Sechser im Lotto, wenn Deine Follower*innen und Kund*innen vollkommen freiwillig und ohne Aufforderung damit beginnen, Deinen Hashtag zu verwenden. Immerhin sorgen sie auf diese Weise dafür, dass sich Deine Botschaft in den sozialen Netzwerken verbreitet und Dein Name zunehmend bekannter wird. Sollte es also vorkommen, dass jemand ohne Dein Dazutun Deinen Hashtag unter den eigenen Beiträgen verwendet, solltest Du Dich bei diesen am besten persönlich bedanken.

Auch kann es sinnvoll sein, diese Beiträge in Deiner eigenen Instagram Story oder gar Deinem Feed mit den anderen Follower*innen und Interessent*innen zu teilen. Wichtig ist, dass Du Deine gebrandeten Hashtags unbedingt im Auge behältst, um es zu vermeiden und rechtzeitig zu entdecken, sollte jemand versuchen, Deinen Hashtag zu kapern.

Die Kampagnen Hashtags

Grundsätzlich stehen Community sowie auch gebrandete Hashtags für eine lange Lebensdauer – bei Kampagnen Hashtags ist dem nicht so. Sie stehen zumeist für eine kurze Lebensdauer und gehören in der Regel zu spezifischen Aktionen, Events oder Saisons.

Die Instagram Stories

Bei den Instagram Stories handelt es sich um einen der wohl schnellsten Wege, mittels derer Du die Aufmerksamkeit der Nutzer*innen auf Dich ziehen kannst. Und dies sind nicht wenige Nutzer*innen, denn tagtäglich wird Instagram gemäß eigener Angaben im Durchschnitt von rund 500 Millionen Personen verwendet. Dementsprechend hoch fällt auch das Potenzial aus, was Instagram für Dein Unternehmen mit sich bringt.

Für die Nutzer*innen von Instagram ist es besonders wichtig, dass sie mit coolen und unterhaltsamen Geschichten versorgt werden. Da die Stories auf Instagram jedoch nur für eine Zeit von 24 Stunden bestehen bleiben bevor sie sich automatisch wieder löschen, ist es unabdingbar, dass Du Dir im Vorhinein ausreichend Gedanken über die Art

Deiner Stories machst, um einen gewissen finanziellen Mehrwert aus ihnen schöpfen zu können.

Aufgrund des Umstandes, dass die Instagram Stories zumeist deutlich näher an den Menschen dran sind als es die Beiträge auf dem eigenen Profil sind, können sie dafür sorgen, dass eine stärkere Bindung entsteht – und zwar auch gegenüber Marken. Hierbei spielt auch die Unmittelbarkeit keine unerhebliche Rolle.

Kaum verwunderlich, dass große Influencer*innen besonders viel Wert darauflegen, dass sie ihre Instagram Stories möglichst aufwendig gestalten, sodass sie mit diesen eine größere Menschenmenge erreichen können. Dadurch, dass bei ihnen in der Regel alles direkt aus einer Hand stammt, sind sie recht unabhängig. Dies können Unternehmen allerdings nicht gewährleisten, weshalb es hier darauf ankommt, angepasste und flexible Prozesse für die Arbeit und ein entsprechendes Team zu erschaffen, welches die eigene Instagram Story regelmäßig mit hochwertigen Inhalten bestücken kann. Gerade Instagram Stories erfordern dabei häufig deutlich mehr Spontanität, als es im Social Media Bereich ohnehin bereits der Fall ist.

Es macht keinen Sinn, dass Du lediglich alle zwei Wochen einmal eine Story auf Instagram hochlädst. Dies würde im Endeffekt keinerlei Resonanz im Bezug auf die Anzahl Deiner Follower*innen geschweige denn den Interaktionen ihrerseits mit sich bringen.

Beachte dementsprechend, dass sowohl die Kommentare, die Nutzer*innen hinterlassen als auch ihre Reaktionen, zwar dafür sorgen, dass es zu einem Anstieg des Wertes Deiner Story kommt, doch zugleich auch ein vergrößerter Aufwand des Community-Managements daraus resultiert. Bei Deinen Instagram Stories ist vor allem eins besonders entscheidend – die Qualität der Story. Diese lässt sich anhand der Botschaft, die Du zu vermitteln versuchst, dem gewähltem Inhalt sowie auch dem Timing erkennen. Nachdrücklich wirkungsvoll werden die Instagram Stories dann, wenn sie eine Message enthalten, die klar ist und zur gewünschten Zielgruppe passt. Allerdings sind Instagram Stories in ihrer Dauer begrenzt, was dazu führt, dass die Nutzer*innen und Zuschauer*innen binnen der ersten Sekunden bereits eine Entscheidung darüber treffen, ob sie sich Deine Story weiter ansehen möchten oder sie diese lieber überspringen, um die nächste Story anzusehen. Dass es nicht immer gelingt, die Zuschauer*innen dafür zu begeistern, die vollständige Story anzusehen, zeigen auch Statistiken. Aus diesen geht hervor, dass rund 75 Prozent der veröffentlichten Stories nicht bis zum Ende angesehen werden.

Deine Chance, dass die Zuschauer*innen sich Deine Story bis zum Ende ansehen, kannst Du erhöhen, indem Du lieber auf Videos als auf statische Screens setzt. Dies liegt nicht zuletzt daran, dass Videos eine Unterstützung der Key Message bieten können und zugleich einen gewissen Unterhaltungswert mit sich bringen. Oftmals bestehen die Stories dabei nicht lediglich aus einem einzigen Abschnitt eines Bildes oder Videos, sondern gleich aus mehreren, was als Story Frames bezeichnet wird.

Mittlerweile sind die Instagram Stories auch kaum noch aus den sozialen Medien wegzudenken – auch, wenn Unternehmen das Potenzial oftmals noch nicht erkennen und rund 25 Millionen Unternehmensprofile die Instagram

Stories lediglich als eine Ergänzung ansehen und ihnen somit eine untergeordnete Rolle zuweisen. Dies offenbart auch eine von Conviva durchgeführte Studie sowie die Auswertung der vorliegenden Daten von Instagram selbst – denn allein 60 Prozent der Unternehmen, die auf Instagram vertreten sind, bauen sich ihre Reichweite mithilfe von Beiträgen in ihrem Feed auf. Im Schnitt werden von Unternehmen aktuell lediglich 2,5 Stories wöchentlich gepostet. Instagram Profile hingegen, die bereits eine hohe Anzahl an Follower*innen für sich gewinnen konnten, nutzen die Instagram Stories vermehrt. So kommen sie auf durchschnittlich drei Stories pro Tag. Allerdings sei dazu gesagt, dass jene Unternehmen, die noch recht „kleine" Profile mit bis zu 10.000 Follower*innen umfassen, in der Regel mehr Follower*innen mit ihren Stories erreichen als es bei Unternehmen mit einer größeren Follower*innenanzahl der Fall ist. In relativen Zahlen gesprochen erreichen kleinere Accounts gut 8,4 Prozent der Follower*innen, während es bei größeren Accounts lediglich 2,3 Prozent sind.

Das Veröffentlichen von Instagram Stories bedeutet jedoch in der Instagram Community nicht zwangsläufig, dass es zu einem Anstieg der Sichtbarkeit kommt. Dies liegt vor allem daran, dass aus statistischer Sicht lediglich fünf bis zehn Prozent Deiner Follower*innen sich Deine Beiträge ansehen – und das sind zumeist dieselben Personen.

Dein Ziel sollte demnach darin bestehen, Deinen Stories Flügel zu verleihen. Tatsächlich ist es nämlich erst dann möglich, wenn Du 10.000 Follower*innen für Dich gewinnen konntest, in Deinen Stories externe Links einzubinden, die einen Call-to-Action darstellen. In dem Zusammenhang mag eventuell die Frage aufkommen, ob Stories auf

Instagram dann vorrangig für große Unternehmensprofile vorgesehen sind – dem ist allerdings nicht zwingend so. Auch kleinere Unternehmen können die Instagram Stories für sich wählen, um Profit aus den daraus hervorgehenden zusätzlichen Interaktionen und dem Engagement der Nutzer*innen ziehen zu können.

Wenn es Dir darum geht, dass Du Deine Instagram Stories zielsicher weiterverbreitest, so macht es Sinn, Dir hierfür ein zusätzliches Budget zu setzen. Für das Schalten der Anzeigen selbst kannst Du dann wahlweise Instagram selbst oder aber den Business Manager von Facebook verwenden, mit dem Dir eine präzisere Arbeit ermöglicht wird. Darüber hinaus kannst Du mithilfe der Story Ads auch externe Links setzen, mit denen Du Deine Zuschauer*innen zu einer bestimmten Handlung aufforderst – und zwar völlig unabhängig davon, wie viele Follower*innen Du für Deinen Account bis zu diesem Zeitpunkt gewonnen hast.

Neben den Werbeanzeigen, die Du in Deinen Instagram Stories schalten kannst, besteht auch die Option, Influencer*innen für Dich zu mobilisieren und mit ihnen zusammenzuarbeiten. In aller Regel besitzen sie bereits eine große Reichweite und sind aufgrund ihres Auftretens für die Follower*innen häufig glaubwürdig und nahbar, während sie zugleich auch genauestens wissen, was sie eigentlich tun. Damit aber auch Deine eigene Zielgruppe erreicht werden kann, ist es notwendig, dass Du die richtige Person für Dich ausfindig machst.

Sinnvolle Beiträge für Deinen Instagram-Auftritt

Es kann zu einer echten Herausforderungen werden, die ersten Ideen für Deine Beiträge zu finden, die Du auf Instagram veröffentlichen könntest und die zugleich auch noch erfolgsversprechend sind. Denn nicht immer ist die erste Idee immer auch gleich die Beste – und auch, wenn sie an sich vielleicht nicht schlecht ist, bringt sie womöglich einfach nicht ausreichend Potenzial mit sich, um zu Erfolg zu führen.

Im Grunde genommen solltest Du Dich also für Deine erste Ideenfindung immer mit zwei Aspekten auseinandersetzen. Dies sind zum einen Deine Wettbewerber*innen und zum anderen die Inhalte, die bei Deiner gewünschten Zielgruppe Interesse erwecken können.

Im ersten Schritt solltest Du Dich somit näher damit befassen, welche Wettbewerber*innen Du eigentlich hast und welche von ihnen auf Instagram aktiv sind. Hast Du diese Unternehmen erst einmal ausfindig gemacht, geht es darum, dass Du herausfindest, welche der dort veröffentlichten Inhalte das größte Interesse geweckt haben und die somit auch als besonders erfolgreich erachtet werden können.

Sobald Du Dir dieses erste Bild verschafft hast und eine nähere Kenntnis über Deine Wettbewerber*innen und ihre Inhalte erhhalten konntest, ist es von Bedeutung, dass Du Dir Deine Zielgruppe näher ansiehst. Welche Inhalte teilen die Personen, die Deiner Zielgruppe zugehörig sind, besonders häufig und gerne auf Instagram? Tatsächlich ist dieser Schritt sogar noch deutlich wichtiger als das Befassen mit Deinen Wettbewerber*innen.

Befasse Dich deshalb keinesfalls zu lange mit den Inhalten, die Deine Konkurrenz veröffentlicht. Ansonsten besteht das große Risiko, dass Du womöglich damit beginnst, ihre Inhalte schlichtweg zu kopieren – doch das ist nicht das Ziel des Ganzen. Immerhin möchtest Du einzigartigen Content erschaffen, mit dem Du Dich von Deiner Konkurrenz absetzt und das Interesse der Nutzer*innen hervorrufst.

Manchmal ist es also doch sinnvoller, einfach zu beginnen und Dich nicht ewig mit Dingen auseinanderzusetzen. Je eher Du beginnst, desto eher findest Du auch heraus, welche Inhalte von Deiner Zielgruppe als besonders spannend betrachtet werden.

Aber welche Inhalte könnten potenziell das Interesse wecken?

Viele Nutzer*innen mögen es, wenn sie einen Blick hinter die Kulisse erhaschen können. Dementsprechend sinnvoll ist es, wenn Du diese Eindrücke mit Deinen Follower*innen teilst und sie an kleinen Momentaufnahmen inmitten Deines Unternehmens und dem Leben des / der Unternehmer*in teilhaben lässt. Dabei kannst Du zeigen, wie Dein Leben eigentlich verläuft, welche Person hinter dem Unternehmen steht und was Du eigentlich den ganzen Tag über machst. Tatsächlich stellt dies die wohl beste Möglichkeit dar, an Inhalten, die Du mit Deinen Follower*innen teilen kannst – vor allem in der Instagram Story.

Sollte Dir nichts einfallen, was Du als einen Blick hinter die Kulissen teilen könntest, so folgen ein paar Ideen, die eine Inspiration für Dich darstellen können:

- Zeige den Follower*innen, welche Mitarbeiter*innen in Deinem Unternehmen arbeiten und stelle sie kurz vor
- Zeige Deinen Follower*innen, wie Dein Büro, in dem Du Deiner Arbeit nachgehst, eigentlich aussieht
- Solltest Du einen Bürohund haben, so kannst Du auch diesen zeigen
- Nimm Deine Follower*innen mit durch Deinen Arbeitsalltag, zeig ihnen Deinen Arbeitsweg, zeig ihnen wo Du arbeitest und wie Du arbeitest
- Nimm Deine Follower*innen mit zu Veranstaltungen, die Du besuchst

Neben Einblicken hinter die Kulissen kannst Du Deine Beiträge natürlich auch jederzeit dafür verwenden, um die Aufmerksamkeit der Nutzer*innen auf neue Inhalte zu leiten. Wenn Du also beispielsweise einen neuen Beitrag auf Deinem Block veröffentlicht hast oder eine neue Folge Deines Podcasts erschienen ist, kannst Du dies auch im Rahmen eines Beitrages verkünden. Um den Follower*innen dann den Weg zu diesem neuen Inhalt so leicht wie nur möglich zu gestalten, solltest Du jenen Link am besten auch direkt mit in Deine Profilbeschreibung aufnehmen. Weiterhin macht es grundsätzlich immer Sinn, dass Du Deine neuen Beiträge, die Du in Deinem Profil veröffentlichst, zusätzlich auch in Deiner Instagram Story bewirbst. Dies machst Du, indem Du das Bild am besten dort direkt hineinpostest und es noch mit einem Sticker oder ähnlichem unkenntlich machst, sodass die Interessierten auf Dein Profil klicken, um zu schauen, was Du eigentlich neues geteilt hast.

Außerdem handelt es sich auch um einen idealen Beitragsinhalt, wenn Du glückliche Kund*innen zu Wort kommen lässt. Du wirst erstaunt sein, wie gut sich Deine Produkte oder Dienstleistungen verkaufen, wenn erst einmal zufriedene Kund*innen zu Wort kommen. Aufgrund dessen, dass Instagram eine bildbasierte Plattform ist, kann es hilfreich sein, wenn Du Fotos, die die Kund*innen mit Dir geteilt haben, in Deinem Profil veröffentlichst. So kannst Du als Bildbeschreibung neben den passenden Hashtags beispielsweise schreiben „Auf dem Bild siehst Du eine glückliche Kundin mit ihren neuen Lieblingen."

Darüber hinaus stoßen auch persönliche Inhalte vielfach auf das Interesse der Nutzer*innen – und zwar nicht nur, wenn es um prominente Persönlichkeiten geht. Es kann ja gut sein, dass Du keinen Prominentenstatus besitzt, dennoch solltest Du die Regel beherzigen, dass Du immer zuerst an Deine Fans und Kund*innen denken solltest und vor diesem Hintergrund auch hin und wieder persönliche Inhalte geteilt werden sollten. Du bist Coach? Dann kannst Du hin und wieder ein Foto Deines Abendessens oder auch dem Spaziergang mit Deinen Hunden teilen. Wichtig ist nur, dass Du nicht ausschließlich solche Eindrücke teilst ,da sie Dir für Deine Business-Bekanntheit nur wenig bringen. Auch sollten sich Deine Inhalte natürlich nicht ausschließlich um Dich drehen – gelegentlich ist dies für Deine Follower*innen aber durchaus interessant.

Stellt sich nur die Frage, wie viel Privates ist dann in Ordnung? Nun, im Grunde genommen gibt es hierfür keine spezifische Regel, an die Du Dich halten solltest, da der Übergang zumeist recht fließend ausfällt. Mache dementsprechend keine allzu große Wissenschaft daraus. Denke nur daran, dass Du in jedem Fall von allem, was in Deinem Arbeitsalltag so geschieht, ein Foto zu erstellen – auch, wenn Du nicht alle Fotos umgehend auf Instagram veröffentlichen kannst.

Wichtig ist, dass Du mit Deinen Beiträgen dran bleibst und diese nicht vernachlässigst. Damit Du dies sicherstellen kannst und nicht das Risiko besteht, dass Dein Instagramprofil bald schon zum Stillstand kommt, macht es Sinn, Deine Beiträge bereits im Voraus zu planen. Hierfür gibt es diverse Tools, die Dir diese Möglichkeit anbieten. Eines dieser Tools ist zum Beispiel later, bei dem Du Deine Beiträge im Dashboard schon im Vorhinein planen kannst, sodass Deine Beiträge zur eingestellten Zeit am entsprechenden Datum rein automatisch online gehen.

Als Richtwert solltest Du Dich allerdings daran halten, einen Beitrag täglich zu veröffentlichen. Meist bleibt für mehr auch nicht genügend Zeit übrig – weniger als einen Beitrag pro Tag solltest Du bestenfalls aber nicht veröffentlichen.

Instagram-Regeln, die Du beachten solltest

Um Instagram möglichst effizient für Dich nutzen zu können, solltest Du einige Regeln beachten und ihnen nachkommen. Insgesamt sind dies vor allem sechs bedeutende Regeln.

Versuche Deine Botschaften so schön wie nur möglich zu visualisieren

Bei Instagram geht es um das Ansprechen der Nutzer*innen. Hierfür empfiehlt es sich, dass Du Deine Botschaft, Deine Marke, Deine Persönlichkeit sowie auch Deine Werte auf visueller Ebene vermitteln kannst. Solltest Du bereits einen Blog schreiben, Emails verfassen oder auch andere Netzwerke nutzen, um mit Deinen Kund*innen zu kommunizieren, so solltest Du Instagram als die ideale Ergänzung zu den bereits bestehenden Aspekten erachten.

Wenn es um die visuellen Aspekte geht, so sind die Instagram-Nutzer*innen nicht zu unterschätzen, da sie mit recht hohen Ansprüchen an die ganze Sache herangehen.

- **Deine Bilder**

Vor dem Hintergrund der hohen Ansprüche ist es umso wichtige, dass Du darauf achtest, Deine Bilder so ansprechend wie nur möglich zu gestalten. Nutze also wirklich nur Fotos, die optisch schön wirken und verwende zum Aufwerten der Fotos gegebenenfalls passende Filter.

Natürlich spricht grundsätzlich erst einmal nichts dagegen, dass Du auch Fotos veröffentlichst, an denen Du nichts verändert oder bearbeitet hast. Wie einige Prominente dies vormachen, ist es klar, dass dies auch durchaus funktionieren kann. Allerdings solltest Du Dich darauf nicht unbedingt verlassen, weshalb es eher anzuraten ist, lediglich hin und wieder einmal ein unbearbeitetes Foto zu veröffentlichen.

Du wirst schnell feststellen können, dass Deine Bilder umso mehr Aufmerksamkeit erregen, je schöner sie sind.

Dies ist auch der Grund dafür, dass Du beim Veröffentlichen Deiner Bilder einige Aspekte unbedingt beachten solltest. Allem voran gilt es, dass Du auf keinen Fall einfach generische und langweilige Stockfotos veröffentlichst. Ebenso wenig kommen bei den Nutzer*innen der Plattform Grafiken an, die Tipps beinhalten, die schlecht gemacht sind oder langweilig wirken. Jene Grafiken mögen vielleicht bei Facebook gerade so durchgehen, doch bei Instagram kann dies aufgrund der mangelnden Qualität schwer werden.

Zudem solltest Du Wert auf Abwechslung legen. Veröffentliche also nicht immer nur strikt Bilder aus Deinem Arbeitsalltag, sondern wechsle immer mal wieder zwischen Fotos, Grafiken und kleinen Tipps. Videos, sofern Du sie in Deinem Feed veröffentlichst, sind auf Instagram häufig auf der Beliebtheitsskala weiter unten angeordnet, als es bei vielen anderen Social Media Plattformen der Fall ist und schlichtweg nicht so beliebt wie Bilder.

➢ Die Erstellung von Grafiken

Solltest Du vorhaben, Sprüche, Tipps und Zitate zu teilen, so ist es sinnvoll, dass Du Dir vorab ein Bild aussuchst, was einen schönen Hintergrund dafür darstellt. Auf einem solchen Hintergrund kannst Du dann den entsprechenden Spruch oder das Zitat als Text hinterlegen.

Besonders gut funktioniert dies beispielsweise auf Canva. Auf dieser Seite kannst Du das Foto, was Du als Hintergrund nutzen möchtest, problemlos hochladen, um es dann mit dem Text zu finalisieren.

Es gibt drei Tipps, wie Du die ideale Grafik erstellen kannst:

1. Erstelle die Grafiken so, dass sie zu Deinem Branding passen. Auf diese Weise stellst Du sicher, dass Du direkt als Urheber*in des Bildes wiedererkannt werden kannst. Darüber hinaus solltest Du am besten Deine eigenen Farben und Schriftarten verwenden, um den Wiedererkennungswert weiter zu steigern. Canva for Work bietet Dir hierfür beispielsweise die Möglichkeit, die Brandingvorgaben zu speichern, sodass Du auf diese immer wieder zurückgreifen kannst und nicht alles erneut einstellen musst.

2. Versieh Deine Grafik, die Du erstellen möchtest, mit Deinem Logo und Deiner Webseite, sodass die Leute, die Deine Grafik sehen, einen direkten Bezug zu Dir und Deinem Unternehmen herstellen können.

3. Verwende Links, die leicht zu merken und kurz sind, sodass Du auf diese Weise die Nutzer*innen dazu anhältst, bestimmte Aktionen durchzuführen. Hinterlege auch diese Links auf Deinen Grafiken.

➢ **Deine Videos**

Auf Instagram kannst Du Videos veröffentlichen, die bis zu einer Minute lang dauern. Auch bei diesen Videos solltest Du einige Aspekte berücksichtigen:

1. Gibt es einen Tipp, der Dir in den Kopf kommt, den Du in einem 1-minütigen Video auf Instagram veröffentlichen kannst?
2. Ist es möglich, das Video, was Du veröffentlichen möchtest, auch ohne Ton zu verstehen? Denn eine Vielzahl der Nutzer*innen sieht sich die Videos auf Instagram ohne einen Ton an. Dementsprechend solltest Du Wert darauflegen, dass Deine Videos auch ohne Ton verständlich sind, sodass Deine Follower*innen einen Mehrwert davon haben. Eine Ausnahme stellt hierbei der einmütige Tipp bei, wobei Du diesen alternativ natürlich auch mit einem Untertitel hinterlegen kannst.
3. Sei mit Spaß bei der Sache, denn Humor ist die beste Art, wie Du ein Video sympathisch gestalten kannst, sodass es sich gut verbreiten lässt.

➢ **Deine Instagram-Stories**

Bei Instagram-Stories handelt es sich um Videos, die Du für einen Zeitraum von 24 Stunden in Deinem Profil zugänglich machen kannst und die sich im Anschluss rein automatisch wieder löschen. Sie werden ganz oben auf Instagram angezeigt.

Du hast die Wahl zwischen Bildern und Videos, die Du als Sequenz hintereinander gereiht veröffentlichen kannst. Deine Stories kannst Du dabei dank Schriften, Stickern und ähnlichem individualisieren. Auf der ganzen Welt werden die Stories jeden Tag von 250 Millionen Menschen verwendet. Diesen Aspekt haben sich in der Vergangenheit bereits 50 Prozent der auf Instagram vertretenden Unternehmen zu Nutze gemacht und ihre eigenen Stories veröffentlicht.

Deine Stories kannst Du für die unterschiedlichsten Dinge nutzen. So kannst Du beispielsweise Live-Events oder Webinare über Deine Stories ankündigen. Idealerweise solltest Du dies 24 Stunden im Vorhinein tun, um die Spannung zu erhöhen und die Chance auch für Spätzügler*innen zu erhöhen, ebenfalls Teil des Events zu werden.

Auch kannst Du Deine Stories nutzen, um Deinen Follower*innen einen Blick hinter die Kulissen zu ermöglichen. Ein solcher Einblick kann in Deinem Unternehmen direkt liegen oder auch in einem Kongress oder Event.

Gleichermaßen bieten sich Stories allerdings auch an, um Deinen Follower*innen exklusive Mitteilungen zu vermitteln, die bisher noch niemand von Deinem Unternehmen weiß oder auch um die Aufmerksamkeit auf neue Veröffentlichungen wie beispielsweise einen neuen Beitrag auf Deinem Blog oder eine neue Episode Deines Podcasts zu lenken.

Versuche so emotional und persönlich zu sein, wie es nur geht

Aufgrund des Umstandes, dass Instagram gewissermaßen mobil ist, handelt es sich um eine recht persönliche Plattform. Tatsächlich kann Instagram ausschließlich vom Handy aus vollumfänglich genutzt werden – und genau jenes wird von nahezu allen Menschen tagtäglich kontinuierlich herumgetragen. Nutzer*innen der Plattform nutzen diese nur allzu gerne, um kurze Schnappschüsse aus ihrem Alltag mit ihrer Umwelt zu teilen. Ob nun das Mittagessen, ein Reisefoto oder doch die Skyline einer bestimmten Stadt.

Als Unternehmer*in ist es für Dich wichtig, dass Du genau diesen Kontext respektierst.

Besonders bedeutsam ist es in diesem Zusammenhang, dass Du mit Deinen Beiträgen Emotionen schaffst. Poste also nicht alles sofort, sondern mache Dir zunächst Gedanken darüber, ob Dein Posting die Leute, die dieses sehen, nachdenklich stimmen kann, ob es dafür sorgt, dass die Leute Mitgefühl empfinden, ob es inspirierend oder motivierend ist oder ob es zumindest dazu in der Lage ist, Deinen Follower*innen ein Lachen zu entlocken.

Es ist wichtig, dass Deine Follower*innen, sobald sie Deinen Beitrag gesehen haben, denken, dass Dein Unternehmen toll ist und dass sie das, was Du tun beziehungsweise was Du hast, ebenso wollen. Wenn dem so ist, dann kannst Du Dir sicher sein, dass Du mit Deinem Beitrag alles richtig gemacht hast.

Nimm also am besten Abstand davon, Beiträge zu veröffentlichen, die einen rein informativen Inhalt haben. Diese

Beiträge kannst Du durchaus auf Facebook oder Twitter veröffentlichen, auf Instagram hingegen wirst Du mit einem solchen Beitrag vermutlich niemanden wirklich überzeugen können – ganz zu schweigen von der Tatsache, dass solche Beiträge schwer zu verbildlichen sind.

Auch solltest Du Instagram nicht gleichwertig wie Facebook, Twitter oder jegliche andere Netzwerke ansehen, die im Grunde genommen darauf ausgelegt sind, „offizielles" Marketing zu verfolgen. Auf solchen Plattformen werden zwar marketinglastige Inhalte durchaus von den Nutzer*innen akzeptiert – auf Instagram hingegen gestaltet sich dies tendenziell eher schwierig.

Verwende Bildbeschreibungen

Auch, wenn die Nutzer*innen von Instagram sich überaus gerne die veröffentlichten Bilder ansehen und diesen den überwiegenden Anteil ihrer Aufmerksamkeit zukommen lassen, solltest Du dennoch nicht die Bildbeschreibungen vernachlässigen. Die Bildbeschreibungen, die auch als Caption bezeichnet werden, sind dafür vorgesehen, dass Du Deine Bilder mit weiteren Informationen versiehst. Genau deshalb solltest Du die Option grundsätzlich für jeden Deiner Beiträge anwenden.

Am besten ist es, wenn Du die Bildbeschreibungen so aufbaust, dass sie auch eine Aufforderung zu einer bestimmten Handlung umfassen, von der Du erwartest, dass die Personen, die Deinen Beitrag sehen, dieser nachkommen.

Hashtags dürfen nicht vernachlässigt werden

Auf Instagram wirst Du mit Deinen Beiträgen höchstwahrscheinlich nicht weit kommen, wenn Du versuchst, diese ohne Hashtags zu vermarkten. Schließlich stellen Hashtags die wohl beste Möglichkeit dar, sicherzustellen, dass Deine Beiträge auch von anderen Nutzer*innen der Plattform gefunden werden können. Dementsprechend macht es Sinn, dass Du die Hashtags als SEO ansiehst. Es kann durchaus hilfreich sein, wenn Du Dir von Beginn an eine Liste erstellst, auf der Du die relevantesten Hashtags niederschreibst. So kannst Du immer wieder auf die Liste zurückgreifen und musst Dir nicht bei jedem neuen Beitrag erneut Gedanken über die richtigen Hashtags machen. Beachte bei der Erstellung einer solchen Liste die nachstehenden drei Punkte:

1. Mache Dir zunächst Gedanken darüber, welche Schlüsselbegriffe den Content, den Du veröffentlichen möchtest, am besten beschreiben können.

2. Finde im nächsten Schritt die besten Hashtags, die zu Deinem Content passen. Hierfür kannst Du Dir einige Tools zur Hilfe nehmen, wie beispielsweise Iconosquare. Bei diesem Tool hast Du die Möglichkeit Deinen Suchbegriff in die Suchleiste einzugeben und direkt danach eine Vielzahl an relevanten Hashtags zu erhalten, die optimal für Deinen Content geeignet sind.

3. Versuche das Thema, was Du für Deine Beiträge nutzen möchtest, so präzise wie möglich auszuwählen. Ein recht allgemeines Thema führt lediglich dazu, dass es bereits eine Menge an Beiträgen zu dem Hashtag gibt, wodurch auch der Wettbewerb größer wird.

Infolgedessen stehen auch Deine Chancen bedeutend schlechter. Vor diesem Hintergrund solltest Du Dich also immer damit befassen, das Thema Deiner Inhalte so genau wie nur möglich zu definieren, um diese Situation vermeiden zu können. Anstelle dessen, dass Du also den recht allgemeinen Hashtag #marketing verwendest, solltest Du stattdessen lieber konkreter werden und beispielsweise #socialmediamarketing als Hashtag nutzen.

Jetzt, wo Du weißt, wie genau Du die optimalen Hashtags für Dich herausfinden und eine dazugehörige Liste erstellen kannst, ist es wichtig, dass Du weißt, wie Du die Hashtags am besten nutzen kannst.

Grundsätzlich gilt es zunächst, dass wenn Du vorhast, einen bestimmten Hashtag publik zu machen, der für Deine Aktionen oder Veranstaltungen steht, Du eine konkrete Erklärung darlegst, was genau mit einem Hashtag bezweckt werden soll und wie dieser genutzt werden sollte. Fälschlicherweise wird häufig angenommen, dass den Menschen dies gleich bewusst ist – dem ist jedoch nicht so. Erkläre den Nutzer*innen das Ganze also im Vorhinein einmal, damit sie wissen, was zu tun ist.

Bedenke auch, dass Du Deine Beiträge nicht mit mehr als 30 Hashtags versehen kannst. Wähle die Hashtags, die Du nutzen möchtest, also mit Bedacht aus und nimm Dir lieber die Faustregel „Weniger ist mehr“ zu Herzen, um nicht das Risiko eines Bans einzugehen. Wenn Du dennoch die Haltung vertrittst, dass viele Hashtags viel helfen, dann solltest Du diese nicht direkt in Deine Bildbeschreibung einbringen. Sinnvoller ist es an dieser Stelle, dass Du die Hashtags in einem Kommentar unter Deinem Beitrag veröffentlichst, um die Lesbarkeit der Bildbeschreibung nicht zu beeinträchtigen. Wenngleich sich die Geister an dieser Stelle durchaus scheiden im Hinblick darauf, was von dem Instagram Algorithmus wohl präferiert wird. Mache Dir aber bewusst, dass es an dieser Stelle durchaus wichtigere Dinge gibt, mit denen Du Dich im Zusammenhang mit Instagram beschäftigen solltest, als mit der Tatsache, ob Du die Hashtags in der Bildbeschreibung oder in einem separaten Kommentar anführen möchtest. Wichtig ist, dass Du Hashtags setzt!

Setze Deine Links clever

Aus der Sicht der Nutzer*innen besticht Instagram insbesondere durch einen großen Vorteil – ein Umfeld frei von Ablenkungen. So können die Nutzer*innen durch die virtuellen Fotoalben hindurchblättern ohne befürchten zu müssen, dass sie gleich auf einen ablenkenden Link stoßen. Diese Tatsache bedeutet aus der Sicht eines / einer Unternehmer*in allerdings, dass für Dich lediglich eine einzige Möglichkeit dazu besteht, die Menschen auf Deine Webseite zu ziehen – und genau das ist Deine Profilbeschreibung. Tatsächlich stellt Deine Profilbeschreibung den einzig adäquaten Ort dar, um Deinen Link zu platzieren, der dann auch von den Interessent*innen aufgerufen werden kann. Um Deinen Link in Deiner Profilbeschreibung nicht untergehen zu lassen ist es wichtig, dass Deine Profilbeschreibung knackig ist. Hierfür stehen Dir allerdings nicht mehr als 150 Wörter zur Verfügung, sodass Du Deine Wortwahl gut überdenken solltest. Füge dann auch den Link zu Deiner Webseite dort ein.

Solltest Du auf bestimmte, laufende Aktionen hinweisen wollen, ist es am besten, wenn Du den Link in Deiner Profilbeschreibung regelmäßig aktualisierst, sodass immer jener Link dort vorzufinden ist, der auf die relevanteste Seite verlinkt.

Wenn Dir ein Link nicht ausreicht, sondern es Dir wichtig ist, mehrere Links einzubinden, kannst Du Tools wie beispielweise linktree nutzen, um mehrere Links einzubinden. Hierfür reicht zumeist die vollkommen kostenfreie Version aus, um das Ganze so effektiv wie nur möglich zu gestalten.

Solltest Du auf Deinem Blog oder auch auf Deiner Webseite in gelegentlichen Abständen ebenfalls Links teilst, so kannst Du dies gleichermaßen auch in Deiner Bildbeschreibung tun. Wichtig ist, dass Du dabei Acht darauf gibst, dass es sich um kurze und prägnante Links handelt, da sich die Nutzer*innen diesen, aufgrund des Umstandes, dass sie nicht angeklickt werden können, merken müssen.

Versuche so gut wie möglich Instagrammer*innen einzubeziehen

Je mehr es Dir gelingt, die Nutzer*innen der Plattform zu aktivieren, desto höher wird in der Regel auch die Interaktionsrate ausfallen, was schlussendlich zu einer größeren Reichweite Deiner Beiträge führt. Tatsächlich sind es häufig bereits Kleinigkeiten, die Dir dabei helfen können, ein aktivies Gespräch mit Deinen Nutzer*innen einzugehen. Auch auf Instagram gilt, wie auch auf jeder anderen Plattform, dass Du Deine Nutzer*innen konkret zu etwas auffordern musst, wenn Du etwas von ihnen erwartest. Um jedoch von den Nutzer*innen nicht als nervend wahrgenommen zu werden, solltest Du davon absehen, fortan unter jedem einzelnen Deiner Beiträge zu einer bestimmten Aktion aufzufordern. Und wenn Du doch unter jedem Beitrag auf bestimmte Interaktionen hinweisen möchtest, dann solltest Du hierbei zumindest für Abwechslung sorgen. Um diese sicherzustellen, gibt es diverse Möglichkeiten, die Du nutzen kannst. Zum einen kannst Du gelegentlich eine Frage an Deine Follower*innen unter Deinen Beiträgen stellen. Denn bekanntlich sorgen Fragen dafür, dass Reaktionen hervorgekitzelt werden – und trotzdem verwenden aktuell noch nicht viele Unternehmen diese Option.

Neben dem Fragenstellen hast Du aber natürlich auch die Möglichkeit, dass Du andere Instagram-Nutzer*innen erwähnst. Dies solltest Du allerdings nur dann tun, wenn dies auch wirklich angebracht ist. Um andere Nutzer*innen auf Instagram zu erwähnen, kannst Du einfach ein @ vor den Instagramnamen der Person setzen, diese dann über die Vorschläge auswählen und schon hast Du Deine erste Erwähnung gesetzt.

Aber Achtung – in einigen Fällen kann es durchaus auch ratsam sein, dass Du Deine Follower*innen direkt dazu aufforderst, selbst Markierungen zu setzen. Dies kann beispielsweise dann Sinn machen, wenn Du Deine Follower*innen darauf hinweist, dass sie ihre Freund*innen markieren sollten, denen Deine Inhalte ebenfalls gefallen könnten. Hierbei handelt es sich demzufolge um eine durchaus effektive Methode, die zu einem Reichweitenaufbau beitragen kann. Dennoch solltest Du mit dieser Variante lieber vorsichtig sein, da Du ansonsten womöglich von Instagram als Spammer*in eingestuft werden könntest. Eine andere gute Variante besteht darin, dass Du Beiträge von anderen

Nutzer*innen teilst. Dies wird Dir besonders einfach durch bestimmte Apps, wie zum Beispiel Repostapp, gestaltet, die es Dir binnen weniger Klicks ermöglichen, fremde Inhalte auf Deiner eigenen Seite zu teilen. Wenn Du es allerdings übersichtlicher bevorzugst, so kann es Sinn machen, dass Du die Beiträge anderer Nutzer*innen über Buffer oder Hootsuite teilst. Buffer zufolge kann es sehr lohnenswert sein, Fremdbeiträge auf der eigenen Seite zu teilen, um an Reichweite zu gewinnen. Buffer selbst konnte beispielsweise innerhalb von drei Monaten 60 Prozent mehr Follower*innen gewinnen, indem sie Fremdbeiträge teilten.

Gerade beim Teilen von Beiträgen fremden Nutzer*innen solltest Du jedoch unbedingt daran denken, dass Du in den Beiträgen selbst die Urheber*innen kenntlich machst, indem Du diese mittels eines @ markierst. Noch höflicher und demnach durchaus auch angemessener ist es, wenn Du die Urheber*innen vor dem Teilen der Beiträge um ihre Erlaubnis hierfür bittest.

”

Habe keine Angst, mit Deinem Marketing kreativ zu werden und herumzuexperimentieren

- Oscar Wilde

INSTAGRAM

mehr Reichweite und Sichtbarkeit

Der Sinn und Zweck hinter der Reichweite und Sichtbarkeit auf Instagram

Im Grunde genommen macht die Nutzung von Instagram für Dich nur dann Sinn, wenn Du Deine Zielgruppe in einer Altersspanne von 18 bis 40 Jahren einordnest, denn in diesem Alter sind die meisten Nutzer*innen auf Instagram vertreten. Für die Nutzer*innen von Instagram steht die Ästhetik der veröffentlichten Beiträge im Fokus, während sie zugleich stets auf der Suche nach neuen Inspirationen und Wissen sind.

Allein in Deutschland nutzt jede vierte Person Instagram, wobei von ihnen wiederum 90 Prozent einem Unternehmensprofil folgen. Dennoch gibt es auch Zahlen, die etwas anderes zeigen, denn zwei von drei Personen, die auf Instagram ein Unternehmensprofil aufrufen, folgen diesem bis dato nicht – und genau an diesem Punkt besteht Deine große Chance, diese Leute für Dich und Dein Unternehmen zu begeistern und sie so zu Deinen Follower*innen zu machen.

Grundsätzlich ist es also gar nicht schwer, dass neue Leute Dein Profil entdecken – sofern Du Inhalte veröffentlichst, die auch zu Instagram passen. Sofern Du dies tust, maximierst Du die Wahrscheinlichkeit, dass andere Nutzer*innen Deine Inhalte auf ihrer Entdecken-Seite ausgestrahlt bekommen. Jene Nutzer*innen, die zuvor jedoch noch keinerlei Berührungspunkte mit Deinem Unternehmen auf Instagram pflegten, könnten allerdings für Dich zu einem Wachstum führen.

Auf der Entdecken-Seite werden dabei insbesondere jene Inhalte angezeigt, die binnen einer kurzen Zeit schon hohe Raten von Interaktionen erzielen konnten. Das bedeutet also, dass diese Inhalte in Relation zur Anzahl der Follower*innen verhältnismäßig viele Kommentare, Likes, Saves und Weiterleitungen umfassen. Bei Saves handelt es sich dabei um eine Funktion, die es den Nutzer*innen ermöglicht, die Beiträge als Inspiration für später zu speichern. Dies spielt auch für den Algorithmus von Instagram eine bedeutende Rolle, wenn es darum geht, die Qualität der veröffentlichten Beiträge bewerten zu können.

Beiträge, die dabei durch den Algorithmus als besonders beliebt eingestuft werden, werden von Instagram dementsprechend auch an möglichst viele Nutzer*innen weitergegeben. Dies liegt nicht zuletzt auch dem Ziel zugrunde, dass Instagram für die Nutzer*innen möglichst positive Erfahrungen erschaffen möchte.

Je mehr es Dir gelingt, die Nutzer*innen für Dich zu begeistern, desto eher werden sie auch zu Deinen Follower*innen. Follower*innen sehen sich dabei meist regelmäßig Deine veröffentlichten Beiträge an, teilen diese wiederum mit ihren eigenen Follower*innen und betreiben auf diese Weise Mundpropaganda. So gelingt es Dir mit einer gewissen Reichweite nicht nur, Deinen Umsatz zu steigern, sondern auch ein Vertrauen in Deine Marke aufzubauen, was Dir auf Dauer viele neue Kund*innen und eine Vielzahl wiederkehrender Kund*innen einbringen kann.

Wie Du Dir mehr Reichweite und Sichtbarkeit aufbauen kannst

Bevor es darum geht, Deine Reichweite auf Instagram wirklich aufzubauen, ist es unumgänglich, zunächst ein Verständnis dafür zu entwickeln, wie Instagram und sein Algorithmus eigentlich funktionieren. Denn für Deine Reichweite ist nicht ausschließlich die Anzahl Deiner Follower*innen von Bedeutung. Auch der Algorithmus übt einen immensen Einfluss darauf aus, welche Reichweite Du auf Instagram überhaupt erzielen kannst.

Möglicherweise ist Dir selbst beim Durchscrollen Deines Feeds auf Instagram bereits aufgefallen, dass die Beiträge dort nicht mehr in der chronologischen Reihenfolge auftauchen. Vielmehr findet hierbei eine Sortierung danach statt, mit welchen Accounts Du überwiegend interagiert hast. Das heißt je mehr Interaktionen Deinerseits mit einem bestimmten Account stattgefunden haben, sei es das aktive Verfolgen von Instagram Stories, das Kommentieren oder auch das Liken, so wird jener Account in Deinem Feed oben angezeigt, sobald er neue Beiträge veröffentlicht. Auf diese Weise entscheidet also letztlich der Algorithmus darüber, welche Inhalte Du zu Gesicht bekommst und welche Beiträge Dir vielleicht auch gar nicht angezeigt werden. Dementsprechend trägt der Algorithmus auch bedeutend dazu bei, welchen Follower*innen Deine Beiträge überhaupt angezeigt werden. Hierbei durchsucht der Algorithmus jedes Mal aufs Neue die Beiträge, die zur Verfügung stehen und trifft dann eine Entscheidung darüber, in welcher Reihenfolge Dir die IGTVs, die Reels und die Stories angezeigt werden, welche Beiträge in Deinem Feed oben angezeigt und welche Beiträge auf Deiner Entdecken-Seite gelistet werden.

Somit stellt also der Algorithmus die Regeln darüber auf, welche organische Reichweite Du mit Deinen Beiträgen überhauot erreichen kannst. Hierfür analysiert der Algorithmus auch, wie Dein früheres Verhalten im Bezug auf die Nutzung gewesen ist, welche Inhalte aktuell verfügbar sind und trifft anhand dieser Informationen dann eine Entscheidung, welche Inhalte für Dich von Bedeutung sein könnten.

Wie Du also siehst, geht es bei dem Algorithmus keineswegs darum, wie viele Follower*innen Du auf Deinem Account eigentlich verzeichnen kannst, sondern vielmehr darum, in welcher Häufigkeit jene Follower*innen Deines Profils mit Deinen Beiträgen in eine Interaktion gehen.

Gerade vor diesem Hintergrund solltest Du also umso mehr Wert darauflegen, gezielt Inhalte zu erstellen und zu veröffentlichen, die auf das Interesse Deiner Follower*innen stoßen, um so die Wahrscheinlichkeit zu erhöhen, dass sie mit Deinen Beiträgen interagieren und Du an Reichweite gewinnen kannst.

Hier trifft das Sprichwort „Qualität vor Quantität“ also mehr als zu. Nun, wo Du also weißt, was genau hinter dem Algorithmus steht, kommt vermutlich die Frage auf, wie es Dir gelingen kann, langfristig mehr Reichweite aufzubauen und neue Follower*innen dazu zu gewinnen.

Zunächst solltest Du mit der Optimierung Deines Profils beginnen - und zwar dem Namen Deines Accounts. Bestenfalls sollte dieser in Deinem Unternehmensnamen bestehen, sodass es den Nutzer*innen der Plattform möglichst einfach gestaltet wird, Dein Profil zu finden. Solltest Du feststellen, dass Dein Unternehmensname bereits vergeben ist, solltest Du anstelle dessen überlegen, welchen Namen Du alternativ verwenden kannst, der jedoch sehr einprägsam ausfällt. Denn je leichter Dein Name zu merken ist, desto mehr erhöhst Du letztlich auch Deine Sichtbarkeit. Neben Deinem Namen kommt es jedoch auch auf einige weitere Aspekte an:

- **Dein Feed**

Der erste Blick, den Deine Follower*innen und Besucher*innen Deines Profils, über Dein Profil wandern lassen gehört der Gesamtoptik – Deinem Feed. Dementsprechend wichtig ist es, dass Du darauf Acht gibst, dass Deine Beiträge, die Du veröffentlichst, stimmig sind und zueinander passen, sodass eine schöne Optik entsteht. Hierbei ist neben dem Stil, den Du wählst, auch die Farbkombination von tragender Rolle. Verwende bestenfalls möglichst einheitliche Farben in Deinen Beiträgen, um die Stimmigkeit beizubehalten und die Nutzer*innen damit anzusprechen. Je stimmiger Du Dein Feed aufbaust, desto höher ist letztlich auch die Chance, dass Du neue Follower*innen für Dich gewinnen und Deine Reichweite vergrößern kannst.

➢ Deine Profilbeschreibung, kurz Bio

In Deiner Biografie solltest Du die wichtigsten Informationen über Dein Unternehmen so knapp wie möglich zusammenfassen. Da Dir hierfür lediglich 150 Wörter zur Verfügung stehen, solltest Du diese gut bedacht wählen. In Deiner Profilbeschreibung solltest Du dabei integrieren, wer Dein Unternehmen ist, was Dein Unternehmen eigentlich macht und welche Inhalte Deine Follower*innen erwarten können, wenn sie Deinem Profil folgen. Solltest Du eine eigene Webseite besitzen, so ist es sinnvoll, dass Du auch diese in Deine Profilbeschreibung einbindest. Gib Deinen Follower*innen und Interessierten an dieser Stelle so viele Informationen wie möglich über Dein Unternehmen, um ihnen einen ersten Eindruck zu ermöglichen.

➢ Dein Profilbild

Wenn Du ein Unternehmenslogo besitzt, solltest Du dieses optimalerweise auch als Profilbild auf Instagram einrichten. Solltest Du hingegen keines besitzen, so wähle alternativ ein Bild aus, was eine Verbindung zu Deinem Unternehmen darstellt und somit einen gewissen Wiedererkennungswert mit sich bringt.

Damit Du Dein Profil wirklich so einheitlich wie möglich gestalten kannst, empfiehlt es sich, dass Du immer die identischen Tools zur Bildbearbeitung sowie auch die identischen Filter nutzt.

Neben der Optimierung Deines Profils kannst Du Deine Reichweite jedoch auch mit Interaktionen erhöhen, die Du mit anderen Accounts führst. Denn Interaktionen stellen das wohl beste Signal dar, was Du an Instagram überhaupt übermitteln kannst – was nicht zuletzt auch an der Funktionsweise des Algorithmsu liegt. Wie Du bereits weißt, sind die Interaktionen auf Instagram enorm wichtig, wenn es darum geht, Deine Sichtbarkeit auf Instagram zu erhöhen. Dies gilt dabei nicht nur für die Interaktionen, die andere mit Deinem Profil vollziehen, sondern auch umgekehrt. Das heißt auch Du solltest Dich intensiv damit auseinandersetzen, wer Deine Konkurrenz ist und welche Inhalte sie eigentlich auf ihren Profilen veröffentlichen. Je intensiver Du Dich mit Accounts befasst, die gewisse Ähnlichkeiten zu Deinem eigenen Profil aufweisen, desto mehr kannst Du Deine eigene Reichweite erhöhen und neue Follower*innen dazu gewinnen. Es kann sogar hilfreich sein, wenn Du mit Deinen Konkurrenten sprichst, ob ihr Euch nicht gegenseitig Shoutouts geben und Eure Communities teilen möchtet, um so gezielt noch mehr Leute erreichen zu können.

Deine Community solltest Du im Übrigen unter keinen Umständen vernachlässigen, sondern einen aktiven Austausch mit ihr anstreben. In diesem Zusammenhang kannst Du beispielsweise in Deiner Instagram Story Abstimmungen, FAQs oder Umfragen durchführen. Diese Art der Interaktion mit Deiner Community sendet nicht nur positive Signale an Instagram weiter, sondern ermöglicht es auch, dass Du ein näheres Wissen über Deine Community erhältst und erfährst, welche Interessen sie eigentlich besitzen. Je mehr Du dieses Wissen über Deine Follower*innen ausbauen kannst, desto gezielter kannst Du zukünftig auch die Themen für Deine Beiträge planen. Idealerweise reagieren Deine Follower*innen auf Deine Stories mit den verfügbaren Reaktionen, um auch auf diese Weise einen Kontakt zu

Dir aufzubauen. Übrigens macht es durchaus Sinn, dass Du die Instagram Stories in Deinen Story Highlights speicherst, damit auch diejenigen, die die Story binnen der 24 Stunden, in denen diese verfügbar sind, verpasst haben, Deine Story noch ansehen können und die Informationen ebenfalls erhalten.

Neben den Instagram Stories bieten Dir natürlich auch Deine Beiträge selbst die Möglichkeit, mit Deinen Follower*innen in Kontakt zu treten. Der sinnvollste Weg dies zu tun, besteht darin, auf die Kommentare zu antworten, die sie unter Deinen Beiträgen veröffentlichen.

Deine Beiträge solltest Du um Deine Reichweite zu vergrößern grundsätzlich immer mit Hashtags versehen, da diese auch im Laufe der Jahre nicht weniger an Bedeutung gewonnen haben. Von Instagram werden die Hashtags verwendet, um Deine Beiträge zu spezifischen Themen zuordnen zu können. Wenn also Hashtags für Deinen Beitrag passend sind, dann solltest Du sie unbedingt verwenden, damit Deine Beiträge in bestimmte Kategorien eingeordnet werden und an die Nutzer*innen der Plattformen ausgespielt werden können, die ein Interesse gegenüber Deinen Beiträgen haben könnten. Die Verwendung von Hashtags trägt also durchaus dazu bei, dass nicht nur Deine Reichweite sich maximiert, sondern Du potenziell auch neue Follower*innen auf Dein Profil ziehen kannst. Tatsächlich ist es jedoch nicht nur der Algorithmus, der Deine Hashtags aktiv nutzt, sondern auch die Nutzer*innen selbst. Diese können bestimmten Hashtags genauso folgen wie auch herkömmlichen Accounts, sodass sie alle möglichen Beiträge angezeigt bekommen, die in die Hashtags hineinfallen. Wenn Du also darauf verzichtest, Hashtags unter

Deinen Beiträgen zu setzen, so schränkst Du nicht nur Dein eigenes Wachstum erheblich ein, sondern hältst auch Deine Reichweite auf Instagram klein. Gerade zu Beginn Deines Unternehmensaccounts, wenn Du noch nicht viele Beiträge veröffentlicht hast, solltest Du am besten Hashtags verwenden, die noch nicht allzu viel Konkurrenz besitzen. Durch diese Anwendung kannst Du Deine Chancen erhöhen, dass Deine Beiträge in diesem Nischen-Thema auch anderen Nutzer*innen angezeigt werden. Genauso wichtig wie das Verwenden von Hashtags ist es, herauszufinden, zu welchen Zeiten Du Deine Beiträge am besten veröffentlichen solltest. Die Instagram Insights erlauben es Dir, nachzusehen, zu welchen Uhrzeiten der Großteil Deiner Follower*innen auf Instagram aktiv unterwegs ist. Sobald Du diese Zeit weißt, solltest Du Deine Instagram Beiträge darauf ausrichten. Am besten ist es, wenn Du sie kurz vor der aktivsten Zeit Deiner Follower*innen veröffentlichst, um das gesamte Potenzial ausschöpfen zu können und Deine Beiträge nicht dann zu veröffentlichen, wenn die Beiträge Deiner Konkurrenz online gehen.

Eine weitere Frage, die in diesem Zusammenhang häufig auftritt, besteht darin, wie häufig Du Beiträge in Deinem Profil hochladen solltest. Im Grunde genommen solltest Du Dir vor Augen halten, dass Du Dir eine Reichweite aufbauen möchtest. Demnach solltest Du natürlich versuchen, so aktiv wie nur möglich zu sein. Ein idealer Richtwert liegt bei drei bis fünf Beiträgen wöchentlich, die bereits ausreichen können, um Deine Reichweite zu erhöhen und neue Follower*innen anzusprechen.

Damit dies auch auf lange Sicht gut funktionieren kann, solltest Du auf Deinem Profil nicht einfach irgendwelche

Inhalte veröffentlichen, um etwas gepostet zu haben, sondern Beiträge veröffentlichen, die den Nutzer*innen einen gewissen Mehrwert bieten, sodass Du Dich von Deinen Konkurrent*innen abheben kannst. Einen Mehrwert bietest Du den Nutzer*innen genau dann, wenn Du Deine Beiträge so gestaltest, dass sie für Deine Zielgruppe einen Nutzen mit sich bringen. Im ersten Schritt ist es also wieder umso wichtiger, dass Du Deine Zielgruppe kennst, um abschätzen zu können, welche Beiträge für sie einen Mehrwert bieten können.

Ist Dein Beitrag interessant gestaltet und bietet jenen Mehrwert, so speichern Nutzer*innen diesen häufig ab. So können sie jederzeit erneut auf Deinen Beitrag zugreifen, ohne ihn ewig in Deinem Feed suchen zu müssen. Nicht selten kommt es vor, dass die Nutzer*innen interessante Beiträge auch mit ihren eigenen Follower*innen oder bestimmten anderen Instagram-Accounts teilen. Auch gespeicherte Inhalte zählen neben Kommentaren und Likes bekanntlich in den Instagram Algorithmus hinein und sollten deshalb nicht von Dir unterschätzt werden.

Um Deine Reichweite noch weiter auszubauen, solltest Du nicht nur Bilder und Videos in Deinem Feed posten, sondern ebenso auch die Möglichkeit der Instagram Stories wahrnehmen. Als Privatperson sowie auch als Influencer*in lassen sich gut Alltagsausschnitte posten, während bei Unternehmen häufig Informationen und Neuigkeiten aus der Branche an sich sowie auch zu aktuellen Themen auf Interesse stoßen. Neben Instagram Stories bietet es sich zusätzlich auch an, dass Du Reels veröffentlichst, um neue Follower*innen anzusprechen. Immerhin sind Reels nicht völlig ohne Grund zu einem festen Bestandteil der Entdecken-

Seite geworden, was nicht zuletzt auch eine gewisse Reichweite birgt.

Sei hier aufmerksam, denn gerade neue Formate werden von Instagram in aller Regel besonders in den Fokus gerückt. Deshalb lohnt es sich schon von Beginn an bei neuen Formaten dabei zu sein, Dich auszuprobieren und die Chance auf eine größere Reichweite wahrzunehmen.

Dies gilt im Übrigen auch dafür, dass Du Dich grundsätzlich auf dem aktuellsten Stand hältst – und zwar nicht nur in Bezug auf die neuen Formate, die Instagram anbietet. Auch bei Challenges und Trens solltest Du aktiv mit einem Auge dabei sein und in Erwägung ziehen, diese ebenfalls durchzuführen, da sie bei besonders vielen Leuten gut ankommen und gern gesehen sind. Das heißt auch hiermit kannst Du Dir nachhaltig neue Follower*innen aufbauen.

Wie Du Deine Reichweite und Sichtbarkeit auf Instagram im Blick behältst

Wenn Du Instagram für Dein Unternehmen verwenden möchtest, dann ist es quasi unumgänglich, dass Du nicht nur Marketingmaßnahmen durchführst, sondern auch gleichermaßen den Erfolg Deiner Kampagnen und Deines Instagramauftrittes an sich misst. Denn nur, wenn Du herausfinden kannst, ob Deine Marketingmaßnahmen, so wie Du sie durchführst, erfolgreich sind oder ob sie es womöglich nicht sind, kannst Du entsprechende Maßnahmen treffen, um das Ganze zu optimieren. Letztlich bedeutend schließlich jede Marketingaktion, die Du anwendest, einen gewissen Einsatz von Ressourcen. Und völlig unabhängig davon, ob jene Ressourcen nun finanzieller oder doch personeller Art sind, muss der Einsatz sich rentieren und ein positiver Return on Investment, kurz ROI, entstehen.

Die meisten Social Media Plattformen bieten für die Erfolgsmessung eigene Analysefunktionen an – so auch Instagram mit seinen Instagram Insights. Diese erlauben Dir wertvolle Informationen, die Du nicht nur für Instagram, sondern auch anderweitig nutzen kannst.

Um aber messen zu können, ob Dein Profil auf Instagram erfolgreich ist, ist es notwendig, dass Du gewisse Key-Performance-Indicators, kurz KPIs, im Blick behältst. Denn jene KPIs geben Aufschluss über die Fortschritte, die Du bereits erzielen konntest und Aspekte, die es noch zu verbessern gilt. Auch kannst Du auf diese Weise herausfinden, welche Influencer*innen sich für Dich für eine Kooperation anbieten. Grundsätzlich lassen sich die Insights in vier Bereiche aufteilen. So gibt es die Erfolge, die Du für Deine einzelnen Beiträge verzeichnen kannst, Erfolge, die für Deinen gesamten Account gelten, die Ergebnisse, die aus Deinen Instagram Stories resultieren sowie auch die Erfolge, die aus Deinen Werbeanzeigen hervorgehen.

Die KPIs der einzelnen Beiträge

Bei den einzelnen Beiträgen, die Du in Deinem Instagram Feed veröffentlichen kannst, gibt es als Key-Performance-Indicator das Engagement, die Impressionen und die Reichweite. Das Engagement stellt im Grunde genommen die Interaktionen dar, die die Nutzer*innen mit Deinen Beiträgen performen. Diese Interaktionen sind ein wichtiger Messfaktor des Erfolges. Je mehr Kommentare und Likes die einzelnen Nutzer*innen unter Deinen Beiträgen hinterlassen, desto besser geht Deine Strategie letztlich auf. Häufig wird in diesem Zusammenhang auch die sogenannte Engagement-Rate berechnet, welche wiedergibt, in welchem Maße Deine Follower*innen in eine Interaktion mit einem Beitrag treten. Die Rate wird dabei anhand der gesammelten Interaktionen dividiert durch die Anzahl der Follower*innen berechnet.

Die Impressionen hingegen beschreiben die Häufigkeit, in der Dein Beitrag von den Nutzer*innen auf Instagram gesehen wurde. Hierbei spielt es keine Rolle, ob es Deine direkten Follower*innen sind oder lediglich Personen, die über einen anderen Weg auf Deinen Beitrag gestoßen sind. Selbst dann, wenn Nutzer*innen sich Deinen Beitrag mehrfach aufrufen, zählt Instagram jedes einzelne Mal als Impression.

Bei der Reichweite jedoch werden mehrfache Impressionen nicht in die Berechnung einkalkuliert. Dementsprechend stellt die Reichweite also die reelle Anzahl der Personen dar, die Du tatsächlich mit Deinem Beitrag erreichen konntest.

Die Erfolgswerte Deiner Instagram Stories

Auch bei Deinen Instagram Stories findet eine Unterscheidung zwischen dem Engagement, den Impressionen und Deiner Reichweite statt. Für das Engagement spielt es bei Deinen Stories keinesfalls eine Rolle, wie viele Likes Du erhältst. Vielmehr geht es darum, wie häufig die Nutzer*innen sich Deine Stories bis zum Ende ansehen beziehungsweise sie zuvor überspringen. Kommt es zu besonders hohen Werten in Bezug auf das Überspringen Deiner Stories, so stellt dies einen Indikator dafür dar, dass Deine Inhalte nicht gut sind oder jedenfalls nicht den Geschmack der Nutzer*innen treffen. Im Gegensatz dazu gibt es die sogenannten Tap Backs, bei denen es sich um Interaktionen handelt, bei denen Nutzer*innen die Stories sogar noch einmal wiederholt haben. Ergänzend kommt auch die Analyse hinzu, wie häufig die Nutzer*innen bei Deinen Stories Wischgesten nach oben durchgeführt haben, um beispielsweise Deine Webseite aufzurufen. Auch ist es im Rahmen Deiner Stories möglich, dass die Nutzer*innen Dir unmittelbar zu der entsprechenden Story einen Kommentar zukommen lassen.

Die Impressionen Deiner Instagram Stories geben wieder, wie oft Deine Story angesehen wurde. In diesen Faktor zählen dabei auch die Widerholungen hinein, die bestimmte Nutzer*innen bei Deinen Stories durchgeführt haben. Wenn also beispielsweise ein*e Nutzer*in Deine Story erneut angesehen hat, impliziert dies in der Regel, dass Dein Beitrag sehr interessant gewesen ist.

Deine Reichweite fungiert bei Deinen Stories ähnlich wie auch bei Deinen Beiträgen. So gibt sie an, wie viele Accounts beziehungsweise Personen Du mit Deinen Stories erreichen konntest. Ein interessanter Faktor hierbei ist das Verhältnis, welches sich zwischen der Anzahl Deiner Follower*innen und der Reichweite, die Du auf Deine Beiträge beziehungsweise Stories erzielen kannst, ergibt.

Die Messgrößen für Deinen Account

Die Messgrößen, die sich auf Deinen Account direkt beziehen, unterscheiden sich in die Hashtag-Verwendung und das Kanalwachstum.

Bei der Hashtag-Verwendung kommt es darauf an, dass Du unter jedem Deiner Beiträge Hashtags richtig einsetzt, um Deine Reichweite zu erhöhen. Damit dies gelingt und für Dich messbar wird, ist es notwendig, dass Du damit beginnst, die Hashtag-Verwendung zu tracken. Dies gilt auch für den Fall, dass Du Deine eigenen Hashtags kreierst, um nachvollziehen zu können, inwiefern andere Nutzer*innen diesen verwenden.

Bei Deinem Kanalwachstum hingegen geht es um die Nachvollziehbarkeit des Wachstums Deines Instagram Profils – und zwar ungeachtet dessen, wie erfolgreich Deine einzelnen Beiträge eigentlich konkret sind. Die Überwachung des Kanalwachstums lässt Dich bereits zu einem frühen Zeitpunkt erkennen, ob es zu einer Zu- oder gar einer Abnahme der Anzahl Deiner Follower*innen kommt. Sollte letzteres der Fall sein, ist es wichtig, dass Du eine Anpassung Deiner Kampagnen und Strategien vornimmst, um ein weiteres Abnehmen der Follower*innen zu vermeiden.

Die KPIs für Deine Werbeanzeigen

Auch bei der Erfolgsmessung Deiner Werbeanzeigen gibt es zwei Kennzahlen. So steht auf der einen Seite die sogenannte Click-Trough-Rate und auf der anderen Seite die Coversions. Grundsätzlich besteht für Dich die Möglichkeit, Instagram zu nutzen, um dort aktiv Werbeanzeigen zu schalten, in denen Du einen Link zu Deiner eigenen Webseite einbaust. Die Click-Trough-Rate gibt dabei an, wie häufig Deine Webseite durch den entsprechenden Link aufgerufen wurde. Je höher die Rate ausfällst, desto überzeugender scheint auch Deine Werbeanzeige auf die Nutzer*innen gewirkt zu haben, sodass sie Deine Webseite aufgerufen haben, um mehr über Dein Angebot in Erfahrung zu bringen.

Wenngleich nicht immer der Umsatz das Entscheidende ist, so ist er es dennoch in vielen Fällen. Insbesondere dann, wenn es darum geht, zu messen, welchen Umsatz Du aufgrund der geschalteten Werbeanzeige erzielen konntest. Ist es Dir gelungen, die Nutzer*innen auf Deine Webseite zu führen, wo sie dann einen Kauf getätigt haben? Oder haben die Nutzer*innen wünschenswerterweise auf Deiner Homepage ihre Email-Adresse hinterlassen, sodass Du sie bei weiteren Marketingmaßnahmen kontaktieren kannst? Je höher die Conversions ausfallen, desto besser.

Das Verwenden der Instagram Insights

Sobald Du auf Instagram ein Unternehmensprofil verwendest, hast Du rein automatisch bereits Zugriff auf die sogenannten Instagram Insights, mit denen Du nähere Kenntnisse über Deine Follower*innen und die Reaktionen von Nutzer*innen auf Deine Beiträge erfahren kannst.

Hierfür stehen Dir diverse Daten zur Verfügung. So gibt es nicht nur Aufzeichnungen über die demografischen Informationen rund um Deine Nutzer*innen, sondern auch Informationen über die Performance Deiner Beiträge und Kampagnen. Bei den demografischen Daten kannst Du einsehen, wer Deine Follower*innen eigentlich sind, welchem Geschlecht sie zugehörig sind, welches Alter sie besitzen und wo ihre Standorte liegen. So kannst Du herausfinden, welche Beiträge die meisten Impressionen erhalten haben und welche Deiner Beiträge die höchsten Interaktionen aufweisen.

Um die Daten einsehen zu können öffnest Du einfach Dein eigenes Profil und klickst das kleine Balkendiagramm-Symbol an, welches Dich unmittelbar in den Bereich der Instagram-Analyse bringt. So siehst Du direkt auf den ersten Blick bereits die Statistiken, die sich über die vergangenen sieben Tage angesammelt haben. In diesen Statistiken kannst Du nicht nur die Impressionen einsehen, sondern auch Deine Reichweite, Deine Profilaufrufe, Informationen zu Deinen Follower*innen sowie Deine beliebtesten Beiträge. Um letztere als solche bezeichnen zu können, zieht Instagram die meisten Impressionen in die Bewertung ein, nicht aber die Interaktionen, die mit den Beiträgen stattgefunden haben.

Deine Impressionen sowie Deine Reichweite kannst Du hierbei bereits unabhängig von der Anzahl der Klicks oder Likes einsehen. Anders hingegen sieht es bei den demografischen Informationen aus, denn diese erfordern eine Mindestanzahl an Follower*innen von 100 Personen.

Tatsächlich kannst Du die Instagram Statistiken nicht nur über das Balkendiagramm-Symbol aufrufen, sondern auch direkt über Deine einzelnen Beiträge. So siehst Du unter jedem Beitrag auf Deinem Profil die Option „Statistiken anzeigen". Rufst Du Dir diese auf, so gelangst Du direkt in die Übersicht, in der Dir zu genau diesem Beitrag die Anzahl der Interaktionen, die Impressionen und die Reichweite angezeigt werden. Solltest Du dabei einen Beitrag aufrufen, den Du mittels der Werbeanzeigen-Funktion hervorgehoben hast, so unterteilt sich die Ansicht hierbei sowohl in die Zahlen, die Du auf den Originalbeitrag erhalten hast, als auch auf jene Zahlen, die Du mittels der Anzeige erzielen konntest. Hierbei steht Dir auch eine kleine Hilfefunktion zur Verfügung, die Dir eine genaue Erklärung über die einzelnen Zahlen liefert. Warum macht es aber Sinn, dass Instagram Dir auch die demografischen Informationen zu dem Alter, der Geschlechterverteilung, der Herkunft und dem Standort Deiner Follower*innen anzeigt?

Im Grunde genommen wirst Du die meisten dieser Daten vermutlich bereits im Vorhinein kennen, sodass Dich dabei keine größeren Überraschungen erwarten. Dennoch kann es durchaus interessant sein, einsehen zu können, wie sich Deine realistische Zielgruppe auf Instagram von der auf Facebook unterscheidet. Eventuell lassen sich hieraus notwendig Anpassungen Deiner Instagram-Strategie ableiten. Gegebenenfalls kann es auch erforderlich sein, dass Du die Inhalte, die Du veröffentlichst, anders gestaltest oder Du Deine Werbeanzeigen, die Du auf Instagram schaltest, anders einsetzt als Du es bei Facebook bereits tust.

Außerdem ermöglichen Dir die Statistiken auf Instagram einen genauen Überblick darüber, wann Deine Follower*innen eigentlich auf Instagram aktiv sind und wie lange sie dann in der App ihre Zeit verbringen. Infolgedessen ist es Dir möglich, einen genauen Rhythmus für das Veröffentlichen Deiner Beiträge auszuarbeiten und Deine Content-Planung dahingehend anzupassen, dass Du Deine Inhalte veröffentlichst, wenn sie Deine Zielgruppe auch erreichen können. Wenngleich ein neuer Algorithmus auf Instagram existiert, kann es vorkommen, dass Deine Beiträge inmitten der Vielzahl an neuen Beiträgen verloren geht. Umso wichtiger ist also die genaue Planung Deiner Veröffentlichungszeiten, das regelmäßige Messen Deiner Reichweite auf Instagram sowie auch das kontinuierliche Messen Deines Erfolges und Misserfolges.

Warum Deine Reichweite plötzlich sinkt

Gelegentlich kann es vorkommen, dass Du feststellst, dass es zu einem erheblichen sprunghaften oder einem kontinuierlichen Absinken Deiner Reichweite auf Instagram gekommen ist. Die Gründe hierfür sind tatsächlich durchaus vielfältig. Dennoch gibt es vier Faktoren, die besonders oft ein Auslöser für das Absinken Deiner Reichweite darstellen:

➢ **Dein Profil unterliegt rein natürlichen Schwankungen.**

In einigen Fällen kann es vorkommen, dass Dein Profil durch die völlig natürlichen Schwankungen beeinträchtigt werden, die dazu führen, dass Deine Beiträge von weniger Nutzer*innen gesehen werden. Wenn dem so sein sollte, so ist es am besten, wenn Du einen Blick auf die Stoßzeiten wirfst, die Qualität Deiner Beiträge noch einmal in Frage stellst und auch die verwendeten Hashtags noch einmal überdenkst, um gegebenenfalls die erforderlichen Gegenmaßnahmen einleiten zu können.

➢ **Der Algorithmus hat sich verändert.**

Nimmt Instagram Veränderungen an dem bestehenden Algorithmus vor, so ist es durchaus nicht ungewöhnlich, dass diese Veränderungen auch einen Einfluss auf Deine Reichweite nehmen.

➢ **Die Anzahl Deiner Follower*innen ist gestiegen.**

Tatsächlich besteht zwischen der Größe Deines Profils und Deiner Reichweite eine negative Korrelation. Wenn Du also neue Follower*innen für Dich gewinnen kannst und die Anzahl dieser somit ansteigt, kommt es rein automatisch zu einem Absinken Deiner Reichweite. Dementsprechend solltest Du diese Art des Absinkens Deiner Reichweite durchaus positiv betrachten. Lege Deine Konzentration in einem solchen Fall vermehrt darauf, Content zu produzieren, der sehr hochwertig ist und produziere diesen zugleich in unterschiedlichen Formaten.

➢ **Instagram hat neue Funktionen eingebunden.**

Sobald Instagram neue Funktionen in die App einbindet, werden zumeist die Nutzer*innen bevorzugt, die diese neuen Funktionen auch direkt beanspruchen. Dieser Einfluss wurde auch bereits bei der Einführung der Reels auf Instagram ersichtlich.

”

Wenn etwas leicht zu lesen ist, dann war es schwer zu schreiben.

- Enrique Jardiel Poncela

INSTAGRAM ALS TOOL ZUR GEWINNUNG
*neuer Follower*innen und Kund*innen*

Warum es sinnvoll ist Instagram als Marketingtool zu verwenden

Jeden Tag werden auf Instagram mehr als 95 Millionen Fotos sowie auch Videos veröffentlicht – und zwar nicht nur von Privatpersonen, sondern auch von Influencer*innen, Marken und Unternehmen. Insbesondere das Visual Storytelling stellt für Unternehmen einen wichtigen Faktor dar. So fördert eine Nutzung von Instagram als Marketingtools nicht nur die Bekanntheit und das Image Deiner Marke, sondern zugleich auch die Produktkommunikation und die Verlängerung von Kampagnen.

Dementsprechend ist im Zusammenhang mit Instagram auch von einem Branded Storytelling beziehungsweise Visual Corporate Storytelling die Rede. Marken und Unternehmen erzielen ihre Aufmerksamkeit auf Instagram vor allem durch Fotos und Videos. Doch die Aufmerksamkeit allein, die die Nutzer*innen auf die Beiträge eines Unternehmens richten, reicht noch lange nicht dafür aus, dass sie eine unmittelbare Aktion wie zum Beispiel einen Klick oder gar einen Kauf tätigen. Dennoch reicht die Aufmerksamkeit zunächst einmal dafür aus, die Bekanntheit und das Image der Marke zu unterstützen, was wiederum indirekt auch dazu beiträgt, die Vertriebsziele zu erreichen.

Allerdings ist es durchaus schwer messbar, inwiefern die Vertriebsziele nun konkret erreicht werden, wenn eine Coversion oder Traffic längst nicht gemessen werden können. Somit fällt Instagram nicht mehr in den Bereich des Performancemarketings, zumindest sofern keine Instagram Werbeanzeigen geschaltet werden, sondern vielmehr in den Bereich eines digitalen Branding Kanals.

Wird das Branding auf mehrere unterschiedliche Kanäle aufgeteilt, so übernimmt Instagram im Rahmen des digitalen Kommunikationsmix somit nicht nur eine ergänzende, sondern eine treibende Rolle ein.

Aber worin genau besteht nun der konkrete Vorteil, Instagram für das Marketing zu verwenden im Vergleich mit anderen Kanälen?

Insbesondere im Vergleich zu Facebook bietet Instagram einen entscheidenden Vorteil, denn die Interaktionen mit Beiträgen auf Instagram ist wesentlich ausgeprägter. Auch auf Instagram findet die Nutzung vorrangig in einem zentralen News Feed statt, was die Startseite von Instagram darstellt. Das heißt auf dieser Seite werden den Nutzer*innen jene Beiträge angezeigt, die die Profile veröffentlicht haben, denen sie folgen. Über einen langen Zeitraum hinweg wurden die Beiträge hierbei den Nutzer*innen vollkommen ungefiltert sowie auch in chronologischer Reihenfolge angezeigt, da es zu diesem Zeitpunkt keinen gültigen Algorithmus gegeben hat.

Dies hat sich inzwischen verändert, sodass der Algorithmus entscheidet, welche Beiträge ganz oben im Feed angezeigt werden und welche erst weiter unten.

Wie Du Deine Zielgruppe auf Instagram definieren kannst

Um Dein Profil auf Instagram möglichst effizient und schnell wachsen und bekannter werden zu lassen, ist es durchaus lohnenswert, dass Du eine konkrete Zielgruppe für Instagram definierst. Denn nur dann, wenn Du dies tust, kannst Du auch mit den Inhalten, die Du veröffentlichst und den Produkten, die Du anbietest, den Bedürfnissen Deiner Follower*innen und potenziellen Kund*innen gerecht werden.

Deine Zielgruppe kannst Du in drei Schritten ganz simpel definieren.

In Schritt eins solltest Du Dich damit befassen, wer Du eigentlich bist und welche Ziele Du mit der Nutzung eines Unternehmensprofiles auf Instagram eigentlich verfolgst. Schließlich hilft es Dir nicht, wenn Du von vornherein eine Zielgruppe definierst, die letzten Endes jedoch nicht zu Dir und Deinem Unternehmen passt.

Für Schritt eins kann es Dir helfen, wenn Du Instagram zunächst einmal für Dich verwendest und Du jeden Beitrag, der Dir zusagt und einen gewissen Wow-Effekt auf Dich ausübt, speicherst. Je länger Du dies machst, desto mehr Beiträge werden sich sammeln, aus denen bestimmte Bilder und Farben hervorgehen, die Dich dann ausmachen können. Solltest Du allerdings bereits einen eigenen Stil für Dich und Dein Unternehmen gefunden haben, kannst Du diesen Schritt natürlich auch überspringen, da Du bereits weißt, welcher Stil Dein Unternehmen einzigartig werden lässt.

Ist Schritt eins erst einmal absolviert, geht es an Schritt zwei. Hierbei geht es darum, dass Du Dich mit drei Fragen auseinandersetzt und Dir diese ehrlich beantwortest.

- **Mit welchem Problem beschäftigen sich die Leute, die Du als ideale Follower*innen beziehungsweise Kund*innen erachtest?**

Um diese Frage und die Beantwortung dieser einfacher zu gestalten, folgt ein Beispiel zum Verständnis: Du selbst besitzt ein Unternehmen, welches sich damit befasst, das Business effizient und binnen kurzer Zeit wachsen zu lassen. Demzufolge werden Dein Profil zumeist Coaches, Dienstleister*innen und Kleinunternehmer*innen aufsuchen, die das Empfinden haben, dass ihr Business noch nicht effizient oder schnell genug wächst. Möglicherweise werden sie von dem Gefühl begleitet, dass sie bei all den halbherzigen Tipps, die in den sozialen Medien veröffentlicht werden, irgendwann kein wirkliches Verständnis mehr besitzen. Wenn Du das Gefühl selbst kennst, weil Du diese Erfahrungen selbst schon einmal machen musstest, so bist Du hier im klaren Vorteil, da Du ganz genau die Probleme kennst, die Deine Follower*innen und potenziellen Kund*innen begleiten.

- **Welchen Wunsch pflegen Deine Kund*innen beziehungsweise Follower*innen?**

Bei der zweiten Frage solltest Du Dich damit befassen, was eigentlich der Wunsch Deiner Follower*innen und potenziellen Kund*innen sein könnte. Im Falle des ersten Beispiels könnte das demnach sein, dass sich die Personen wünschen, dass sie sich ein von Erfolg geprägtes Unternehmen aufbauen können, welches ihnen zu einem späteren Zeitpunkt ein selbstständiges Leben ermöglicht.

- **Warum gelingt es den Follower*innen beziehungsweise Kund*innen nicht, ihr Problem zu lösen und somit ihren Wunsch zu erfüllen?**

Nachdem Du das Ziel beziehungsweise den Wunsch kennst, den Deine Follower*innen besitzen, stellt sich die Frage, welche Hürde sich ihnen in den Weg stellt, die sie davon abhält, ihren Traum zu verwirklichen. Im Fallbeispiel könnte dies sein, dass neben der normalen Arbeit oder dem Studium kaum ausreichend Zeit übrig bleibt, um sich mit einer eigenen Business-Strategie zu befassen. Infolgedessen ergeben sich wiederum weitere Herausforderungen, die in einer fehlenden optimalen Nische oder einer unzureichenden Pflege der Social Media Auftritte bestehen, wodurch wiederum der Wachstum des Unternehmens ausstehend bleibt. Mit der Beantwortung der Fragen hast Du Dir bereits halb Deine Zielgruppe festgelegt. Du weißt, mit welchem Stil Du gerne auf Instagram arbeiten möchtest und welche Probleme sich Deinen Follower*innen stellen. Wichtig ist, dass Du mit Deinen Beiträgen, die Du auf Instagram veröffentlichst, genau an diesen Problemen ansetzt, um sie zu einer Lösung zu führen. Dies solltest

Du auch auf Deine Bildunterschriften spiegeln, denn auch diese sollten speziell auf Deine Zielgruppe ausgerichtet sein.

Im dritten Schritt Deiner Zielgruppendefinition geht es um die sogenannte Marketing Persona. Ein Schritt, der von erheblicher Bedeutung ist, wenn es darum geht, ein wirklich konkretes Idealbild Deiner Zielgruppe zu erschaffen, an dem Du Dich kontinuierlich orientieren kannst. Sieh Deine Followerschaft also nicht als Ganzes an, sondern betrachte die einzelnen Personen, die hinter den einzelnen Follower*innen stehen. Am besten ist es, wenn Du diese möglichst detailliert charakterisierst. Dies gelingt Dir, indem Du eine Antwort darauf findest, in welcher Altersgruppe sich Deine Follower*innen befinden, welchem Geschlecht sie zugehörig sind, in welchem Ort sie wohnen, welche Bildung sie genossen haben, welchen Beruf sie ausüben und welchen Familienstand sie besitzen.

Hast Du hierauf erst einmal Antworten gefunden, gehst Du noch tiefer in die Charakterisierung hinein, indem Du Dir beantwortest, welche Hobbys Deine Zielgruppe besitzt, welches ihre Lieblingsbücher, ihre Lieblingsfilme und ihre Lieblingsmusik sind sowie welche Charaktereigenschaften sie aufweisen. Für die Charakterisierung Deiner Zielgruppe kann es hilfreich sein, wenn Du Dir ein Pinnboard anlegst, auf dem Du alles anpinnen kannst, was charakterisierend für Deine Follower*innen ist. Dieses Pinnboard kannst Du Dir entweder real anlegen oder auch virtuell in den sozialen Netzwerken.

Auch, wenn es sich im ersten Augenblick vielleicht zu simpel anhört, so kann es doch eine echte Unterstützung sein,

Dir die Bilder anzupinnen. Denn auf diese Weise gelingt es Dir, ein deutlich klareres Bild Deiner Zielgruppe zu erhalten. Sollten sich dann doch einmal Schwierigkeiten im Hinblick auf einen Post ergeben, den Du an Dein Pinnboard gehängt hast, so kannst Du schnell einen Blick auf Dein Moodboard werfen, um herauszufinden, ob dieser Post sinnvoll ist oder nicht.

Steht Deine Marketing Persona, so hast Du ein konkretes Bild Deiner Zielgruppe vor Augen, anhand dessen Du Deine Beiträge ausrichten kannst.

Wie es Dir gelingt, neue Kund*innen auf Instagram anzusprechen

Mithilfe eines Instagram Unternehmensprofils, dem Facebook Power Editor und speziellen Tools ist es Unternehmen möglich Anzeigenkampagnen auf Instagram zu schalten, die die eigenen Inhalte verbreiten. Dies setzt allerdings voraus, dass Du Dein Unternehmensprofil auf Instagram mit Deiner Facebookseite beziehungsweise dem Facebook Business Manager verbindest. Sobald die Verbindung erst einmal hergestellt ist, kannst Du mithilfe des Power Editors Deine Anzeigen nicht nur auf Instagram schalten, sondern sie auch analog auf Deiner Facebookseite auswählen.

Es stehen Dir diverse Anzeigenziele durch Instagram zur Verfügung. So gibt es neben App-Installs auch die Interaktion & Reichweite, das Steigern der Webseiten-Coversions, den Traffic, sprich die Klicks, die auf Deine Webseite getätigt wurden und die Videoaufrufe. Dies sind zwar an und für sich die offiziellen Ziele, die Du auf Instagram mit der Schaltung von Anzeigen erreichen kannst – in der Praxis jedoch stellt sich das Ganze ein wenig anders dar. Denn die Anzeigen eignen sich durchaus auch dafür, eine gewisse Reichweite aufzubauen und Interaktionen mit den eigenen Beiträgen zu generieren. Wenngleich dies praktisch durchaus möglich ist, kann sich der Aufbau von Follower*innen mittels Werbeanzeigen allerdings mit einigen Schwierigkeiten verbunden zeigen. So besteht das wohl größte Problem darin, dass die Nutzer*innen beim Öffnen der Werbeanzeige nicht direkt auf Dein Unternehmensprofil auf Instagram weitergeleitet werden, sondern vielmehr öffnet sich ein integrierter Browser in Instagram, bei dem jedoch die meisten Nutzer*innen nicht eingeloggt sind. Dementsprechend verlassen viele Nutzer*innen die Seite umgehend wieder, wodurch es zu Verlusten im Hinblick auf das Aufbauen von neuen Follower*innen kommt.

Im Allgemeinen lassen sich die Werbeanzeigen, die Du auf Instagram schalten kannst, mit den gleichen Kriterien des Targetings versehen, wie es auch bei Anzeigen auf Facebook der Fall ist. Selbst die Erstellung jener Werbeanzeigen erfolgt mittels des Facebook Power Editors, weshalb ein analoges Schalten von Facebook Anzeigen ohne Weiteres ermöglicht wird.

Wenn Du allerdings ein Unternehmensprofil auf Instagram angelegt hast, so kannst Du jederzeit Deine veröffentlichten Bilder und Videos verwenden, um diese direkt zum Bewerben in Instagram zu verwenden. Zuvor gab es diese Option nicht, sondern Anzeigen mussten grundsätzlich mittels des Anzeigenmanagers, dem Power Editor oder einem Tool von Facebook geschaltet werden. Zwar ist dies mittlerweile nicht mehr zwingend erforderlich, da Du nun Instagram direkt für das Hervorheben Deiner Beiträge nutzen kannst – dennoch gilt es an dieser Stelle abzuwägen, welches der richtige Weg für Dich ist.

Zunächst aber zu den Werbeanzeigen, die Du anhand von Beiträgen erstellen kannst, die Du bereits auf Deinem eigenen Profil veröffentlicht hast.

Das Hervorheben Deiner Beiträge

Um diese Option der Werbeanzeigenschaltung zu verwenden, kannst Du den entsprechenden Beitrag einfach öffnen. Darunter findest Du dann nicht nur die Option Dir die Statistiken anzusehen, sondern auch die Option, dass Du den Beitrag hervorhebst. Wenn Du letztere Möglichkeit auswählst, leitet Instagram Dich auf den Anzeigenmanager weiter, bei dem Du die Anzeigen unmittelbar über Dein mobiles Endgerät erzeugen kannst. Das Erstellen einer solchen Werbeanzeige kostet Dich nur wenige Momente, wobei Du jedoch auch nur einige Punkte zur Auswahl hast.

➢ **Das Definieren eines Call-to-Action-Buttons**

Um einen Call-to-Action-Button einzubinden, stehen Dir diverse Optionen zur Verfügung, zwischen denen Du auswählen kannst. Dabei kannst Du neben dem „Mehr dazu"-Button auch einen „Mehr ansehen"- „Jetzt einkaufen"-, „Jetzt buchen"-, „Registrieren"- sowie einen „Kontaktiere uns"-Button einfügen. Sobald Du den Button erst einmal für Dich ausgewählt hast, kannst Du anschließend die entsprechende URL einfügen, auf die der Button die Nutzer*innen weiterleiten soll.

➢ Das Definieren Deiner Zielgruppe auf Instagram

Im Rahmen des Targetings gibt es für Dich als Unternehmensprofil zwei Möglichkeiten, zwischen denen Du wählen kannst. So kannst Du entweder Instagram die Aufgabe überlassen, das Targeting für Dich zu übernehmen oder aber Du erstellst automatisch eine Zielgruppe, für die Dein Beitrag vorgesehen ist. Allerdings ist hiervon tatsächlich erst einmal abzuraten. Zwar kennt Instagram die dort vertretenden Nutzer*innen durchaus recht gut, dennoch ist es aber wesentlich besser, wenn Du selbst festlegst, welche Zielgruppe mit welchen Interessen Du erreichen möchtest, um so das für Dich beste Ergebnis erzielen zu können. Um diese Variante zu wählen, klickst Du auf „Eigene (Zielgruppe) erstellen". An dieser Stelle geht es darum, dass Du Deiner Zielgruppe einen Namen zuweist, um anschließend eine Definition des regionalen Targetings sowie diverser weiterer demografischer Kriterien vorzunehmen. Das Ganze ist dabei ähnlich aufgebaut, wie Du es womöglich bereits von Facebook direkt kennst. Des Weiteren hast Du im gleichen Zuge die Möglichkeit eine Definition der Interessen Deiner Zielgruppe vorzunehmen. Bestenfalls solltest Du hierbei zwischen vier und zehn Interessen angeben. Die Auswahl wird dabei analog zu Facebook vorgenommen.

➢ Das Definieren Deines Gesamtbudgets

Je nachdem, welches Budget Dir für das Hervorheben Deines Beitrages zur Verfügung steht, zeigt Instagram Dir an, welche geschätzte Reichweite Du hierdurch in etwa erzielen könntest. Für die Reichweite spielt allerdings nicht nur das eingesetzte Budget eine entscheidende Rolle, sondern gleichermaßen auch die von Dir definierte Zielgruppe.

➢ **Die Wahl der Laufzeit**

Sobald Du in das Fenster der Laufzeitauswahl gelangst, setzt Instagram automatisch eine Vorauswahl auf eine Laufzeit von einem Tag. Der Anzeigenmanager stellt Dir hierbei auch konkret dar, wie das Budget, welches Du für die Kampagne festlegst, innerhalb von sieben Tagen aufteilt. Allerdings solltest Du auch hier wieder nicht Instagram die Wahl Deiner Laufzeit überlassen, sondern diese für Dich selbst festlegen. Zweifelsohne ist das Hervorheben Deiner Beiträge durch Instagram recht simpel gestaltet, was zwar gewissermaßen einen Vorteil darstellen kann – zeitgleich jedoch auch einen Nachteil. Immerhin stehen Dir hierbei nur wenige Feinjustierungs- und Optimierungsoptionen zur Verfügung, anhand derer Du Deine Anzeige entsprechend Deinen Vorstellungen gestalten kannst.

Instagram Anzeigen im größeren Einsatz als dem „Hervorheben"

Die Möglichkeiten, die Dir im Rahmen der Nutzung des instagrameigenen Anzeigenmanagers zur Verfügung stehen sind recht limitiert. Demnach hast Du nicht die Option mithilfe des Anzeigenmanagers Carousel Ads zu erstellen. Außerdem ermöglicht es Dir der Anzeigenmanager ausschließlich jene Beiträge zu bewerben, die Du ohnehin bereits auf Deinem Instagramprofil veröffentlicht hast. Natürlich kannst Du im Anzeigenmanager durchaus mehrere Beiträge zur gleichen Zeit bewerben, doch dies kann schnell in einer Unübersichtlichkeit ausarten. Wenn Dir also daran gelegen ist, die Anzeigen auf Instagram übersichtlicher verwalten zu können, sie zu duplizieren und bestmöglich zu optimieren, so solltest Du den Power Editor nutzen.

Wovon Du grundsätzlich Abstand nehmen solltest ist wahllos Deine veröffentlichten Beiträge zu bewerben. Vielmehr solltest Du mit Bedacht die Beiträge auswählen, die Du künftig für Deine Werbeanzeigen nutzen möchtest – und zwar anhand des Zieles, was Du letztlich mit Deiner Werbeanzeige erreichen möchtest. Denn entsprechend dem zu verfolgenden Ziel gilt es auch abzuwägen, ob Du möglicherweise sogar eine Kombination aus einer Facebook und Instagram Werbeanzeige schalten möchtest und welches Format der Anzeige das für Dich sinnvollste darstellt. So kannst Du auch eine Entscheidung darüber treffen, ob es für Dich ausreichend ist, ausschließlich den Anzeigenmanager zu nutzen oder ob Du nicht doch lieber den Power Editor einbeziehen möchtest.

Es steht wohl außer Frage, dass es für Dich als Unternehmen und Marke wichtig ist, die Funktion der Anzeigen auf Instagram für Deine bestehenden Beiträge in Anspruch zu nehmen. Dennoch stellt das Hervorheben Deiner Anzeigen lediglich einen Bestandteil der Instagram Anzeigen dar, ist aber noch längst nicht alles. Dementsprechend solltest Du auch die anderen Optionen nicht außer Acht lassen. Denn für den Erfolg Deiner Anzeigen ist immer das Motiv, welches Du auswählst, der entscheidende Faktor. Das, worauf es also ankommt, ist die Story, die Deine Anzeige, die Du schaltest, erzählt. Um dies möglichst effizient zu gestalten, solltest Du bei Deinen Anzeigenkampagnen möglichst immer in Inhalten denken.

Mache Dir Gedanken darüber, welches Motiv Du für Deine Anzeige wählen solltest, sodass es bei den Nutzer*innen eine gewisse Neugier weckt und die Aufmerksamkeit auf sich zieht. Wie solltest Du Deine Anzeige gestalten, dass sie auch von Deiner gewünschten Zielgruppe gesehen wird? Welche Ziele verfolgst Du mit Deiner Anzeigenkampagne?

Solange Du Dir über die Antworten auf diese Fragen nicht im Klaren bist, kann es schnell dazu kommen, dass Deine Anzeige nicht erfolgreich, sondern vielmehr als ein Störfaktor interpretiert wird. Zwar werden die Anzeigen auf Instagram mit dem Hinweis „Sponsored“ ausgespielt, dennoch haben sie sich längst nicht so etablieren können, wie es bei den Anzeigen der Fall ist, die Du auf Facebook einsehen kannst. Kaum verwunderlich also, dass sich die Nutzer*innen nicht selten durch das Anzeigen der Werbeanzeigen gestört fühlen und ihrem Unmut darüber in den Kommentaren Luft machen.

Wenn Du genau dies vermeiden möchtest, solltest Du Wert darauflegen, eine möglichst durchdachte Instagram Strategie umzusetzen. Die Bildsprache auf Instagram sollte auch anhand der Motive Deiner Anzeigen erkennbar sein und so eine gewisse Überzeugungskraft auf potenzielle neue sowie auch bestehende Follower*innen haben. Ein großer Vorteil, der von den Anzeigen ausgeht, besteht darin, dass Traffic generiert wird. Jene Option besteht dabei ausschließlich, wenn Du die Instagram Anzeigen verwendest, was zweifellos auch einen der Gründe dafür darstellt, dass sie von Unternehmen häufig angewandt werden.

Darüber hinaus solltest Du bei Deinen Kampagnen auch Hashtags anwenden, die dazu beitragen können, die Reichweite weiter zu erhöhen. Selbst die Markierungen von relevanten Instagram Accounts mittels eines @ helfen dabei, dass Anzeigen den Anschein von regulären Beiträgen erwecken.

Doch auch ohne das Schalten von Anzeigen kann es Dir gelingen, mittels bestimmter Kampagnen Deine Reichweite gezielt auszubauen. Diese Kampagnen sollten dabei entweder mit einer Instagram-Integration ausgestattet oder speziell für Instagram konzipiert sein.

Als besonders beliebt gelten speziell Hashtag-Kampagnen, die recht simpel ausgelegt sind. Das Ziel bei diesen Kampagnen besteht darin, die Nutzer*innen dazu anzuhalten, dass sie einen Beitrag zu einem vordefinierten Thema veröffentlichen und zu diesem Beitrag einen Branded Hashtag nutzen. Eine weitere Voraussetzung, die dabei angebracht werden kann, liegt darin, eine Aufforderung gegenüber den Nutzer*innen auszusprechen, Deinem Unternehmensprofil einen Follow dazulassen. Aber Achtung: Hierbei gilt ein ähnliches Wirkungsprinzip bei den Fan Gates, die es auf Facebook gibt. Das heißt wenn Nutzer*innen Dir lediglich aufgrund eines Gewinnspieles folgen, bei dem die Bedingung darin besteht, Dir zu folgen, besteht ein geringfügiges bis gar kein Interesse an Deinen eigentlichen Inhalten. Vielmehr ist das Interesse dieser Nutzer*innen auf das Gewinnspiel gerichtet. Dementsprechend sollte der Fokus, den Du mit einer Instagram-Kampagne verfolgst, auf die veröffentlichten Fotos und die zu verwendenden Hashtags gelegt werden.

Wie Du Follower*innen dazugewinnen kannst

Das Ziel, welches Du mit einer hohen Reichweite verfolgen solltest, besteht darin, dass Du Dir qualitative Follower*innen nachhaltig aufbaust. Denn im Grunde genommen steht und fällt Dein Erfolg sowie der Deines Accounts mit Deinen Follower*innen. Wichtig sind demzufolge vor allem Follower*innen, die regelmäßig in eine Kommunikation mit Deinem Unternehmen treten und die Botschaft dieses rein automatisch weiterteilen. Damit dies gelingen kann, gibt es jedoch einige Aspekte, die Du nicht unterschätzen solltest.

Abonniere strategisch

Am besten ist es, wenn Du genau jenen Personen sowie Unternehmen folgst, die auch zu Deiner eigenen Nische passen. Dabei kommt es nicht selten vor, dass eine Vielzahl von diesen Leuten Dir auch zurückfolgen werden. Verzichte allerdings auf die Verwendung von Hashtags wie #follow4follow oder auch #like4like, da diese schnell den Eindruck erwecken können, dass es Dir keinesfalls um die Personen selbst geht, sondern vielmehr darum, Deine Zahlen zu verbessern.

Erstelle zielgruppenspezifische Inhalte

Versuche so gut wie möglich mit Deinen Inhalten, die Du veröffentlichst, einen Mehrwert für die Besucher*innen Deines Profils zu erschaffen. Bleibe dabei stets bei einem Thema und schweife nicht von diesem ab. Es kommt wenig strukturiert bei den Menschen an, wenn Du zwar eigentlich ein Buchverlag bist, Deine Inhalte sich aber plötzlich mit mathematischen Formeln beschäftigen oder Du an sich ein Unternehmen bist, welches Marketingtipps publik machen möchte, dann aber plötzlich ansprichst, welchen physiologischen Wert das Frühstück eigentlich mit sich bringt.

Interagiere gehaltvoll

Es macht durchaus Sinn, dass Du selbst auch die Beiträge, die Deine Follower*innen veröffentlichen, kommentierst und likest. Ebenso solltest Du auf Kommentare von ihnen, die unter Deinen eigenen Beiträgen veröffentlicht werden sowie auch ihre Nachrichten, die sie Dir privat senden, reagieren. Auf diese Weise bringst Du Deinen Follower*innen eine gewisse Wertschätzung entgegen, wodurch sich auch die Bindung, die zwischen Deinen Follower*innen und Dir besteht, verstärkt. Ein weiterer Tipp, der dabei helfen kann, die Interaktionen voranzutreiben, besteht darin, Deinem Publikum ganz gezielt Fragen zu stellen.

Nutze Shoutouts

In einigen Fällen kann es hilfreich für Dich sein, wenn Du Deine Beiträge bewusst an größere Accounts sendest und diese darum bittest, einen Shoutout für Dich vorzunehmen. Bei einem solchen Shoutout handelt es sich im Grunde genommen um eine kurze Vorstellung Deines Accounts, der auf der Seite durchgeführt wird, an die Du Deinen Beitrag gesendet hast und von der Du dann verlinkt wirst, sodass die Interessierten ohne Weiteres auf Dein Profil gelangen können.

Vernetze Dich richtig

Wenn Du Deinen Bekanntheitsgrad auf Instagram steigern und mehr Follower*innen für Dich gewinnen möchtest, empfiehlt es sich, dass Du eine Zusammenarbeit mit anderen Nutzer*innen anstrebst. Ebenfalls kann es hilfreich sein, wenn Du an themenrelevanten Challenges oder auch an Instagram-Meetings teilnimmst, um gezielt Follower*innen für Dich zu begeistern und eine Steigerung Deiner Sichtbarkeit zu erzielen.

Verwende unterschiedliche Formate für Deine Beiträge

Instagram bietet Dir eine Bandbreite an Möglichkeiten, was die verwendbaren Formate betrifft – ob nun Feed-Beiträge, IGTVs, Live-Videos, Reels oder doch Stories. Jedes dieser Formate bietet Dir die Chance einer vielseitigen Präsentation – nutze diese! Vor allem Beiträge, die das Gefühl eines Blickes hinter die Kulissen vermitteln, können dazu beitragen, Nutzer*innen interessiert zu machen, sodass sie Dir folgen. Nicht zuletzt auch aufgrund der Tatsache, dass Du Dich mit einem Blick hinter die Kulissen authentischer und nahbarer darstellst.

”

Wer keine Probleme löst, darf sich nicht wundern, dass sich keiner für sein Angebot interessiert.

- Peter Sawtschenko

DIE ABSOLUTEN NO GO'S

bei der Verwendung von Instagram

Die sozialen Netzwerke, so auch Instagram, sind aus dem Alltag einer Vielzahl von Menschen kaum noch wegzudenken. Sei es durch die Plattformen zu stöbern, zu schauen, was die Bekannten, die Familie oder die Freunde so treiben oder einfach nur um Inspirationen zu sammeln.

Aber völlig egal, wie häufig Du die sozialen Netzwerke auch verwenden magst, so gibt es immer wieder auch Verhaltensweisen, die unangebracht sind und nicht selten auch zur Kritik fallen. Damit Dir dies nicht geschieht und Du mögliche Fettnäpfchen vermeiden kannst, erfährst Du in diesem Kapitel die absoluten No-Go's auf Instagram.

➢ **Deine Beiträge sind nicht einheitlich.**

Wenn Du nicht darauf achtest, dass die Beiträge, die Du auf Deinem Instagramprofil veröffentlichst, einheitlich sind, kann dies schnell einen negativen Eindruck Deines Instagramprofils bei den Nutzer*innen wecken.

Mache Dir also vorab Gedanken, welche konkreten Inhalte Du gerne auf Deinem Instagramprofil veröffentlichen möchtest und achte hierbei auf die Einheitlichkeit. Je einheitlicher und klarer das Bild Deines Instagramprofils ausfällt, desto mehr Ordnung verschaffst Du Deinem Profil, was sich letztlich auch überaus positiv auf Deine Follower*innen auswirkt.

- **Deine Beiträge sind unauthentisch.**

Bei den Beiträgen, die Du veröffentlichst, solltest Du Wert darauflegen, dass sie Dir und Deinen eigenen Vorlieben gerecht werden. Es bringt Dir nichts, wenn Du Deine Beiträge an aktuellen Trends ausrichtest, die Dir jedoch nicht zusagen. Denn genau das würde lediglich dazu führen, dass Du ein unwohles Gefühl entwickelst, was sich auch unmittelbar bemerkbar macht. Dies kann nicht selten dazu führen, dass auch die Freude und Lust daran, Beiträge zu veröffentlichen, schwindet. Aufgrund dessen solltest Du immer nur die Beiträge und Inhalte veröffentlichen, die Dir selbst auch gefallen.

- **Du betreibst Werbung in Deinen regulären Beiträgen.**

Es ist wohl unbestritten, dass die Werbung zu den sozialen Medien schlichtweg dazugehört. Das an sich stellt auch überhaupt kein Problem dar. Problematisch wird es jedoch dann, wenn Du auf Deinem Instagram Account damit beginnst, Deine regulären Beiträge mit Werbung zu vermischen. Natürlich darfst Du Deine Dienstleistung oder Dein Produkt posten, es spricht auch nichts dagegen, dass Du bestimmte Eigenschaften hervorhebst oder Errungenschaften teilst. Sobald es allerdings darum geht, werberische Botschaften mit Deinen Follower*innen zu teilen, solltest Du den Weg der Werbeanzeigen einschlagen.

Schließlich folgen Dir Deine Follower*innen nicht aus dem Grund, dass sie von Dir Werbevideos oder Floskeln verkäuferischer Art in ihrem Feed sehen möchten. Sie folgen Dir, weil sie mehr Informationen erhalten möchten – ob nun in Form von Blicken hinter die Kulisse, News, Infos rund um Deine Produkte oder generell Wissenswertes.

Das heißt Du solltest unbedingt herausfinden, welche Art von Inhalten Deine Follower*innen bewegt, um ihnen gezielt diese Inhalte auch unterbreiten zu können. Ob Du dies nun mittels Deiner normalen Beiträge im Feed oder doch durch Deine Instagram Stories tust, bleibt dabei Dir überlassen.

Sobald es also darum geht Kampagnen, Slogans oder Werbespots anzubringen, solltest Du Dich unbedingt dazu entschließen, Werbeanzeigen zu schalten, um diese zu vermitteln.

➢ **Du hast Dir keinerlei Gedanken über Deine Zielgruppe gemacht.**

Wenn Dir nicht bewusst ist, an welche Zielgruppe Du Dich mit Deinen Beiträgen eigentlich richten und welche Follower*innen Du für Dich gewinnen möchtest, gestaltet es sich umso schwerer, überhaupt Follower*innen für Dich zu begeistern. Wenn Du Dir aber sicher bist, welche Inhalte Du gerne auf Deinem Profil zur Verfügung stellen möchtest, gestaltet es sich auch recht simpel, eine passende Zielgruppe für Dich zu finden. Das heißt Dein Ziel sollte bei Deiner eigenen Marke darin bestehen, jene Follower*innen für Dich zu gewinnen, die potenziell auch die Bereitschaft dazu besitzen, Deine Produkte zu erwerben.

➢ **Du kaufst Dir Follower*innen.**

Dies stellt den wohl schlimmsten Fehler dar, den Du im Laufe Deiner Karriere auf Instagram überhaupt begehen kannst. So birgt der Kauf von Follower*innen nicht nur die Gefahr, dass Du eine Bestrafung durch einen Ban erhältst, sondern auch die Möglichkeit, dass Instagram Deinen Account vollständig sperrt, sodass Du jeglichen Zugriff auf diesen verlierst.

Darüber hinaus solltest Du bedenken, dass es sich bei gekauften Follower*innen um nichts anderes als Bots handelt, die ohnehin keinerlei Deiner Beiträge kommentieren oder liken werden.

Außerdem ist es schnell recht auffällig, dass Du Dir Follower*innen gekauft hast, wenn Du zwar eine Followerschaft von 5.000 Leuten besitzt, Deine Beiträge jedoch nicht mehr als 50 bis 200 Likes erhalten. So wird schnell ersichtlich, dass Du Deine Follower*innen käuflich erworben hast.

➢ **Du legst keinen Wert auf Qualität.**

Ein Fehler, den Du keineswegs begehen solltest, besteht darin, Inhalte in schlechter Qualität auf Deinem Profil zu veröffentlichen. Dies schließt neben einer angemessenen Auflösung Deiner Kamera auch eine adäquate Beleuchtung ein. Je qualitativer Deine Inhalte sind, desto positiver und professioneller ist auch der Eindruck, den die Nutzer*innen von Deinem Instagramprofil erhalten.

- **Du legst mehr Wert auf Quantität als auf Qualität.**

Es macht keinen Sinn, wenn Du Dich dazu entschließt, Deine Follower*innen mit einer Welle an Beiträgen zu überfluten. Gleichermaßen bringt es für Dich jedoch auch nicht sonderlich viel, wenn Du Dich über eine große Anzahl an Follower*innen freuen kannst, diese jedoch keinerlei Interaktionen mit Deinen Beiträgen aufweisen. Solltest Du also spontane Einfälle und Ideen haben, so solltest Du diese lieber zweimal überdenken, bevor Du sie direkt in Form eines Beitrages auf Deinem Instagramprofil veröffentlichst, denn dies könntest Du schnell bereuen. Nimm Dir also lieber die Zeit und überlege vielleicht auch ein weiteres Mal, ob die Inhalte, die Du veröffentlichen möchtest, auch Sinn für Deine Follower*innen ergeben. Beachte bei Deinen Beiträgen auch, ob sie Deiner Corporate Identity entsprechen, die Inhalte legal und keine Rechtschreibfehler enthalten sind.

- **Du recycelst Deine Beiträge.**

Diese Regel gilt erst einmal nicht so radikal, wie sie sich zunächst womöglich anhören mag. Hierbei geht es keinesfalls darum, dass Du auf gar keinen Fall einen erfolgreichen Post erneut veröffentlichen solltest – sofern Du es denn angemessen machst. Solltest Du also vorhaben, einen alten Beitrag von Dir noch einmal zu veröffentlichen, so solltest Du die entsprechenden Hashtags hierfür verwenden. Beispielsweise gibt es Hashtags wie den #ThrowBackThursday, der speziell für Rückblicke vorgesehen ist. Gleiches gilt auch, wenn ein Jubiläum vor der Tür steht oder eine Neuigkeit ansteht, die in einem unmittelbaren Zusammenhang mit jenem Beitrag steht, den Du reposten möchtest.

Allerdings solltest Du grundsätzlich davon absehen, dass Du Beiträge immer und immer wieder repostest, nur weil sie bei Deinen Follower*innen gut angekommen sind lediglich zu dem Zweck, dass Du Deine Reichweite auf diese Weise erhöhen möchtest. Deine Follower*innen werden in der Regel nicht davon begeistert sein, dass Du lediglich repetitive Inhalte veröffentlichst oder sie gar innerhalb kürzester Zeit mehrfach das identische Bild oder Video von Dir sehen.

Überlege Dir also immer zuerst, bevor Du einen Beitrag recyceln möchtest, ob der Repost wirklich einen Mehrwert für Deine Follower*innen mit sich bringt.

- **Du spammst auf Instagram.**

Tatsächlich kann es Dir schnell zum Verhängnis werden, wenn Du Dich dazu entschließt, auf Instagram mit dem Spammen zu beginnen. Und zwar nicht nur, weil Deine Follower*innen dies auf Dauer als nervig einstufen könnten, sondern auch, weil Instagram möglicherweise zu der Annahme gelangen könnte, dass Du ein Bot bist und Dir dementsprechend einen Ban verhängt.

Die Arten, auf die Du bei Instagram spammen kannst, sind recht unterschiedlich. So wird es beispielsweise als Spam gewertet, wenn Du binnen kurzer Zeit zu viele Kommentare schreibst oder Likes vergibst. Gleichermaßen gilt dies auch für das fixe Folgen und Entfolgen von anderen Accounts.

Ebenfalls wertet Instagram es als Spam, wenn Du die Urheberrechte nicht beachtest beziehungsweise diese verletzt. Dies ist dann der Fall, wenn Du die Inhalte, die andere Nutzer*innen auf ihren Profilen veröffentlicht haben, lediglich kopierst und diese selbst auf Deinem Profil veröffentlichst. Dies stellt einen Verstoß gegen die allgemeinen Nutzungsbedingungen Instagrams, konkreter gegen das Urheberrecht, dar.

- **Du vernachlässigst Deine Direktnachrichten und Kommentare.**

Es reicht für Deinen Erfolg auf Instagram absolut nicht aus, wenn Du lediglich Deine Beiträge veröffentlichst. Um ein erfolgreiches Social Media Marketing auf Instagram betreiben zu können, ist es für Dich unumgänglich, dass Du Dich mit den Interaktionen befasst, die zu Deinen Beiträgen stattgefunden haben. Denn jede Interaktion Deiner Follower*innen, ob nun in Form von Kommentaren oder Shares, sind unheimlich wichtig für Deinen Erfolg. Dementsprechend solltest Du Wert darauflegen, dass Du Deine Follower*innen keinesfalls vernachlässigst. Antworte also auf die Kommentare, die sie zu Deinen Beiträgen verfassen und trete in einen direkten Dialog mit ihnen. Selbst ein Like auf die entsprechenden Kommentare bringt Deinen Follower*innen bereits ein gewisses Maß des Respektes und der Wertschätzung entgegen.

Oftmals wählen Deine Follower*innen auch den kürzesten Weg, um mit Dir in engeren Kontakt zu treten. Das heißt anstelle dessen, dass sie Dir eine Email schreiben, entscheiden sie sich dazu, Dir eine Direktnachricht auf Instagram zu senden. Sei also wachsam und behalte jederzeit Dein Postfach auf Instagram im Blick, um rechtzeitig auf die Anfragen Deiner Follower*innen und potenziellen Kund*innen antworten zu können und lange Wartezeiten seitens Deiner Follower*innen zu vermeiden.

Möglicherweise ist es auch zunächst erforderlich, dass Du bestimmte Dinge abklärst, bevor Du die Anfrage der Follower*innen final beantworten kannst – doch auch so etwas solltest Du ihnen mitteilen, damit sie schon einmal eine erste Information von Dir erhalten.

➢ **Du veröffentlichst ausschließlich Deine eigenen Inhalte.**

Grundsätzlich spricht erst einmal nichts dagegen, dass Du nur Deine eigenen Inhalte veröffentlichst, wenn Deine eigene Marke im Fokus stehen soll. Allerdings solltest Du hierbei auch bedenken, dass dies auf Dauer durchaus langweilig für Deine Follower*innen werden kann, wenn sie immer nur mittels Links auf Deine eigene Homepage geraten.

Dementsprechend kann es durchaus sinnvoll sein, dass Du auch andere Artikel aus Blogs und News mit Deinen Follower*innen teilst, die für diese von Interesse sein könnten und einen Bezug zu dem Umfeld Deiner Marke besitzen. In einigen Fällen erwähnen diese Beiträge Deine Marke womöglich sogar.

Achte aber darauf, dass jene Inhalte tatsächlich von Drittanbietern und nicht direkt von Dir stammen. Auf diese Weise kannst Du dafür Sorge tragen, dass ein gewisses Maß an Abwechslung auf Deinem Instagramprofil stattfindet, während Du dennoch indirekt die Aufmerksamkeit auf Dich selbst lenkst.

- **Du veröffentlichst Deine Beiträge, ohne eine Strategie zu haben.**

Natürlich ist es wichtig, dass Du Dich auf Instagram mit Deinem Unternehmen zeigst. Das heißt jedoch noch lange nicht, dass Du einfach wahllos Inhalte auf Deiner Seite veröffentlichen solltest, denn dies wird Dich keinesfalls zu einem Erfolg bringen. Umso wichtiger ist es also, dass Du eine Strategie verfolgst, um erfolgreich auf Instagram werden zu können. Dabei geht es nicht nur um den Entschluss an sich, dass Du Deine Beiträge auf Instagram veröffentlichen möchtest, sondern ebenso auch darum, wie häufig Du eigentlich Deine Beiträge posten möchtest.

Weiterhin solltest Du Dir konkrete Gedanken darüber machen, wann es sich am ehesten lohnt, Deine Beiträge zu veröffentlichen. Wie Du bereits gelernt hast, ist es hierfür von Bedeutung, dass Du Dich mit Deinen Instagram Insights befasst und darüber hinaus die richtigen Hashtags für Deine Beiträge anwendest. Der allerdings wohl entscheidendste Aspekt besteht in den Inhalten, die Du im Rahmen Deiner Beiträge auf Deiner Seite posten möchtest. Hierbei gilt es abwechslungsreich zu sein, sodass Du mal ein Foto und mal ein Video gemäß Deinem eigenen Corporate Design veröffentlichst. Wie immer gilt an dieser Stelle wieder einmal, dass die Qualität um einiges bedeutender ist als die Quantität. Dennoch solltest Du ausreichend Inhalte einplanen – Deine Follower*innen jedoch nicht mit Deinen Beiträgen förmlich zuspammen.

- **Du veröffentlichst Deine Beiträge plattformübergreifend ohne jegliche Anpassungen an ihnen vorzunehmen.**

Im Grunde genommen spricht nichts dagegen, dass Du die Inhalte, die Du veröffentlichst, auf unterschiedlichen Plattformen veröffentlichst. Dennoch solltest Du grundsätzlich davon absehen, das Ganze im reinen Copy-Paste-Verfahren zu tun, da dies nicht unbedingt Kanalkonform ist. So besitzt jede einzelne Social Media Plattform ihre ganz eigenen Eigenheiten.

Auf Twitter beispielsweise ist es erforderlich, dass Du Deine Beiträge so kurz wie nur möglich verfasst und Du die Hashtags, die Du verwenden möchtest, bereits direkt mit in den Fließtext einbaust.

Auf Instagram hingegen stehen Dir bedeutend mehr Zeichen zur Verfügung und auch Deine Hashtags lassen sich nach Deinem Fließtext in die Bildbeschreibung einbauen. In einigen Fällen ist es sogar sinnvoller, die Hashtags aus der Bildunterschrift wegzulassen und sie in einem eigenen Kommentar unter dem Beitrag zu veröffentlichen.

Gleiches gilt auch für Videos, denn auch diese kannst Du nicht einfach überall identisch hochladen. So lassen sich beispielsweise auch Facebook und LinkedIn Videos mit einer deutlich längeren Spielzeit veröffentlichen als es bei TikTok oder Twitter der Fall ist.

Während LinkedIn häufig educational ist, geht es bei Facebook vermehrt um den Unterhaltungswert. Dennoch gilt es, dass Du zunächst herausfinden solltest, welche Inhalte bei Deiner gewünschten Zielgruppe auf das Interesse stoßen, um ihre Aufmerksamkeit für Dich zu gewinnen.

Es geht also nicht darum, dass Du in irgendeiner Form das Rad vollkommen neu erfinden sollst. Worum es hingegen schon geht ist, dass Du kleine Anpassungen gemäß der Plattform vornimmst, auf der Du Deine Beiträge veröffentlichen möchtest, denn auch kleine Anpassungen erzielen große Auswirkungen.

- **Du veröffentlichst nur unregelmäßig Beiträge.**

Es ist ein Fehler, den viele Nutzer*innen auf Instagram regelmäßig begehen – unregelmäßig Beiträge veröffentlichen. So kommt es also durchaus nicht selten vor, dass so gut wie nie neue Inhalte auf dem Instagramprofil erscheinen.

Wenn Du jedoch zu selten auf Deinem Instagramprofil Beiträge veröffentlichst, kann dies erhebliche Auswirkungen auf die Anzahl Deiner Follower*innen haben. Dementsprechend wird die Zahl im Laufe der Zeit sinken, da Dein Profil für sie langweilig geworden ist, weil nie neue Inhalte kommen.

Finde dementsprechend ein gesundes Mittelmaß, sodass Du weder zu selten noch zu häufig etwas auf Deinem Profil veröffentlichst.

”

Content baut Beziehungen auf.
Beziehungen bauen Vertrauen auf.
Vertrauen treibt Umsatz voran.

- Tom Fishburner

HOW TO INSTAGRAM

Deine Checklist

Die Anzahl an Nutzer*innen auf Instagram steigt kontinuierlich an – unter ihnen auch eine Vielzahl an Unternehmensprofilen, die Instagram inzwischen für sich entdeckt haben. Kaum verwunderlich, schließlich ist Instagram ein wunderbares Hilfsmittel, um die Aufmerksamkeit der Nutzer*innen für sich zu gewinnen und somit auch immer wieder neue potenzielle Kund*innen auf sich aufmerksam zu machen. Auch bietet Instagram den Nutzer*innen und Unternehmen die Möglichkeit, in eine direkte Kommunikation miteinander zu treten.

Doch in vielen Fällen erscheint Instagram deutlich simpler, als es in der Realität und dem Unternehmensalltag eigentlich ist. Umso wichtiger ist es, einige Regeln, Tipps und Tricks zu berücksichtigen.

Grundsätzlich ist es von enormer Bedeutung, dass Du Dich regelmäßig auf Instagram bewegst und Dein Profil mit neuen Inhalten pflegst. Gleichermaßen solltest Du es jedoch auch nicht vernachlässigen, bei anderen Nutzer*innen Kommentare und Likes zu hinterlassen und Dich allgemein aktiv zu erweisen. Auf diese Weise gelingt es Dir, Deine Sichtbarkeit auf Instagram nachhaltig zu verbessern und den Algorithmus dazu zu bewegen, Dich recht weit oben zu ranken.

Damit Dir der Umgang mit Instagram so leicht wie nur möglich fällt, findest Du in diesem Kapitel eine Checkliste für Deinen alltäglichen Instagramgebrauch.

- Befasse Dich für mindestens zehn Minuten täglich mit anderen Accounts auf Instagram und verteile dort Herzen, Kommentare und Likes. Am besten ist es, wenn Du hierbei nicht einfach willkürlich eine Person auswählst, bei der Du die Interaktionen hinterlässt, sondern Du eine Mischhung aus neuen Accounts auswählst, die Dich vielleicht noch nicht kennen und Accounts, die Dir bereits folgen.

- Folge jeden Tag drei neuen Profilen, die Dein Interesse wecken und die potenziell auch zu neuen Follower*innen oder gar Kund*innen für Dich werden könnten. Zusätzlich kannst Du, um ihre Aufmerksamkeit auf Dich zu ziehen, auch einen Kommentar oder Like unter ihren Beiträgen hinterlassen.

- Reagiere auf Erwähnungen, die andere Nutzer*innen über Dein Profil getätigt haben und beantworte die Kommentare, die unter Deinen Beiträgen geschrieben wurden.

- Sieh Dir die Instagram Stories der anderen Nutzer*innen an und hinterlasse dort Reaktionen, indem Du Interesse zeigst und mit den Accounts in Kontakt trittst. Ein sinnvoller Tipp ist es hierbei, dass Du auch auf die Instagram Stories von „bekannten Gesichtern“ reagierst, sowie zugleich auch bei Accounts, die Dir bis dato noch nicht folgen, die jedoch zu neuen Follower*innen und Kund*innen werden könnten.

- Überprüfe Dein Postfach, ob Du Direktnachrichten von anderen Nutzer*innen erhalten hast. Beantworte dabei direkt alle Anfragen und Nachrichten.

- Veröffentliche jeden Tag mindestens eine Instagram Story in Deinem Profil, um Dich in der Storyline Deiner Follower*innen bemerkbar zu machen. Gute Zeitpunkte sind hierfür beispielsweise die Morgende, um Deinen Follower*innen einen schönen Tag zu wünschen, Dich zu zeigen und Informationen rund um Deine Dienstleistungen, Blicke hinter die Kulissen, Deine Momente aus dem Alltag und Informationen rund um Deine Produkte mitzuteilen.

- Veröffentliche jeden Tag einen Beitrag in Deinem Feed. Beachte hierbei jedoch die Regel, dass Qualität vor Quantität geht. Das heißt lege lieber Wert darauf, dass Du mit Deinen Beiträgen Mehrwerte für Deine Follower*innen schaffst, anstelle dessen lediglich den nächsten Beitrag und somit das nächstbeste Bild zu veröffentlichen. Solltest Du es also nicht täglich schaffen, einen Beitrag zu veröffentlichen, weil die Qualität dann darunter leiden würde, veröffentliche lieber weniger Beiträge in Deinem Account, aber dafür Beiträge, die hochwertig sind.

”

Gib ihnen Qualität. Das ist die beste Werbung.

- Milton Hershey

BONUS:
Insta Ads Kampagnen Strategien

Dir liegt es am Herzen fortan Deine Werbeanzeigen auf Instagram richtig anzugehen? Hierfür gibt es einige Aspekte, die Du unbedingt bedenken solltest. Auf der technischen Ebene stellt es keine Herausforderung dar, eine Werbeanzeige zu schalten. Anders hingegen sieht es jedoch aus, wenn es darum geht, Deine Zielgruppe tatsächlich richtig anzusprechen – denn genau an dieser Stelle setzt erst Dein Erfolg ein.

1. **Stichpunkt Zielgruppe – diese solltest Du unbedingt kennen.**

Nur dann, wenn Du weißt, wer Deine Zielgruppe eigentlich ist und welche Interessen sowie auch Vorlieben sie pflegen, kann es Dir gelingen, mithilfe Deiner Anzeigen gezielt auf diese einzugehen. Dies ermöglicht es Dir nicht nur, die Aufmerksamkeit der Nutzer*innen auf Dich zu ziehen, sondern auch Deine Reichweite nachhaltig zu optimieren.

2. **Versuche Deine Texte möglichst knackig zu formulieren.**

Lege Wert darauf, dass die Texte, die Du in Deinen Anzeigen einbindest, so kurz, dabei aber so präzise wie möglich sind. Lange Texte werden von den Nutzer*innen tendenziell eher übersprungen, da sie selten die Lust oder gar die Zeit dafür aufbringen können, sich intensiv mit Deiner Werbeanzeige zu befassen. Umso mehr solltest Du darauf achten, möglichst ansprechende Bilder und Videos auszuwählen, die die Aufmerksamkeit der Nutzer*innen erregen. Die Texte selbst sollten dabei nicht nur kurz und knackig formuliert sein, sondern auch bestenfalls aktiv inklusive eines Call-to-Actions, um die Leser*innen Deiner Werbeanzeige dazu zu animieren, die gewünschte Aktion auszuführen.

3. **Verwende Hashtags.**

Die Verwendung von Hashtags wird nur allzu gern unterschätzt und das, obwohl sie durchaus eine Unterstützung dabei sein können, Deine Inhalte zu finden. Somit sorgen Hashtags nicht nur dafür, dass Deine Reichweite sich erhöht, sondern auch, dass Du zu bestimmten Branchen zugeordnet werden kannst. Nicht zuletzt kannst Du Dir mithilfe von Hashtags einen bedeutenden Vorteil verschaffen – nämlich indem Du einen eigenen Marken-Hashtag ins Leben rufst. Sollten andere Nutzer*innen diesen im Laufe der Zeit in ihren eigenen Beiträgen einbinden, so wird der Hashtag immer unmittelbar auf Dein eigenes Profil zurückführen.

4. **Tritt in eine Interaktion mit den Nutzer*innen.**

Mache Dir unbedingt die Interaktivität, die Dir die sozialen Netzwerke bieten, zu Nutze, indem Du auf Kommentare und Nachrichten der Nutzer*innen reagierst. Auf diese Weise kann es Dir gelingen, neue Follower*innen für Dich zu gewinnen und eine Vergrößerung Deiner Reichweite zu erzielen. Darüber hinaus kannst Du Deine Marke so lebendig gestalten, was sie noch um einiges interessanter für potenzielle und bereits bestehende Follower*innen werden lässt.

5. **Präferiere ein einheitliches Design.**

Um einen gewissen Wiedererkennungswert auf Instagram zu erschaffen und das Vorgehen Deiner Werbung möglichst effizient zu gestalten, ist es unabdingbar, dass Du Deinem Design treu bleibst. Dies gilt vor allem vor dem Hintergrund, dass Du Dich mit dem Aufbau eines Images Deiner Marke befasst und durch die Einheitlichkeit für eine gewisse Orientierung gegenüber Deinen Kund*innen sorgst. Dies gilt nicht nur für die Bilder und Videos, die Du veröffentlichst, sondern gleichermaßen auch für die Botschaft, die hinter Deinen Texten steht und der Tonalität, die Du beim Verfassen Deiner Texte wählst.

6. **Versuche möglichst kreativ zu bleiben.**

Auch, wenn Du eine gewisse Einheitlichkeit einhalten solltest, solltest Du deshalb nicht weniger Kreativität an den Tag legen. Sei mutig und traue Dir auch zu, im Rahmen Deiner Identität neue Dinge auszuprobieren. Denn wenn die Nutzer*innen immer nur die identischen Werbeanzeigen Deines Unternehmens sehen, werden sie mit der Zeit lediglich weiterscrollen und Deinen Anzeigen keine weitere Beachtung mehr schenken. Behalte deshalb stets ein offenes Auge für neue Ideen.

7. **Verwende auch Videos.**

Erwäge, ob Du nicht bei einigen Trends, die auf Instagram kursieren, mitmachen möchtest, um so Dein Attraktivitätslevel bei Deiner Zielgruppe beibehalten zu können. Insbesondere im Jahre 2020 waren Videos besonders beliebt – und das sind sie auch heute noch, da sie eine Vielzahl an Emotionen und Gefühlen vermitteln können. Jene Vorteile solltest Du Dir auch in Bezug auf Deine Werbeanzeigen zu Nutze machen.

8. **Miss Deinen Erfolg.**

Mithilfe des Facebook-Werbeanzeigenmanagers kannst Du stets prüfen, wie sich Deine laufenden Anzeigen auf Instagram eigentlich verhalten. Das heißt Du kannst jederzeit nachvollziehen, welche Reichweite Du mit Deinen Werbeanzeigen erzielst, wie viele Interaktionen mit diesen stattgefunden haben und womöglich auch, wie viele Käufe direkt über Deine Werbeanzeige getätigt wurden. Auch kannst Du diese Funktion aktiv anwenden, um herauszufinden, welche Dinge bei Deiner Zielgruppe gut ankommen und welche von ihnen gegebenenfalls noch optimiert werden müssen. Bei einem Optimierungsbedarf solltest Du möglichst zeitnah reagieren.

ABSCHLIEẞENDE WORTE

In diesem Buch hattest Du die Möglichkeit, Dich ausführlich mit allen Aspekten rund um die Nutzung von Instagram aus Unternehmensperspektive zu erlernen und zu erfahren.

Du konntest Dich umfangreich darüber belesen, was eigentlich genau hinter Instagram steckt. Von nun an weißt Du, dass Instagram eine von mobilen Endgeräten aufrufbare Anwendung ist, die vor allem bei der jüngeren Zielgruppe besonders gut ankommt und ihren Fokus auf die Veröffentlichung von Fotos und Videos liegt. Instagram stellt Dir die unterschiedlichsten Formate zur Verfügung, die Du zur Veröffentlichung Deiner Beiträge nutzen kannst. Im gleichen Zuge hast Du erfahren können, welche Aktionen Dir Instagram ermöglicht und wo genau die Unterschiede inklusive der Vor- und Nachteile zwischen einem öffentlichen und einem privaten Profil auf Instagram liegen. Da es nicht selten vorkommt, dass auf Instagram sogenannte Bans verhängt werden, hast Du gelernt, wie ein solcher Ban entsteht, über welche Dauer er bestehen bleibt, was Du am besten tun solltest, wenn auch Du betroffen bist und was es mit dem Sonderfall des Shadowbans auf sich hat.

Darüber hinaus hast Du die Trends kennenlernen können, die es auf Instagram gab und noch immer gibt.

Das Kapitel „Instagram richtig verwenden“ hat Dich mit allen erforderlichen Informationen versorgt, die sich auf die Relevanz der richtigen Verwendung von Instagram, dessen Einrichtung, Deine Bilder, die Verwendung von Hashtags, die Instagram Stories, sinnvolle Beiträge für Deinen Instagram-Auftritt und zu beachtende Regeln auf Instagram beziehen. Damit es Dir gelingen kann, Dir nachhaltig eine adäquate Reichweite und Sichtbarkeit auf Instagram aufzubauen, hast Du lernen können, welcher Sinn und Zweck eigentlich dahintersteckt und wie Du Dir die besagte Reichweite und Sichtbarkeit aufbaust. Auch hast Du Dich darüber belesen können, wie es Dir gelingen kann, Deine Reichweite und Sichtbarkeit stets im Blick zu behalten, was neben den relevanten Key-Performance-Indicators der einzelnen Beiträge auch die Messbarkeit Deiner Instagram Stories, die Messgrößen für Deinen Account, die KPIs für Deine Werbeanzeigen sowie die Verwendung der Instagram Insights inkludiert. Sollte es zu einem Absinken Deiner Reichweite kommen, so ist Dir nun auch bekannt, welche Gründe dieser Situation zugrunde liegen könnten.

Da die Reichweite und Sichtbarkeit insbesondere im Zusammenhang mit der Gewinnung von neuen Follower*innen und Kund*innen einen entscheidenden Einfluss besitzen, hast Du erfahren können, warum es für Dich sinnvoll ist, Instagram als Marketingtool zu nutzen. Auch weißt Du von nun an, wie Du Deine Zielgruppe definieren kannst und warum dies einen entscheidenden Einfluss auf die Effizienz der Neukund*innengewinnung besitzt. Du hast Dich umfangreich in diesem Buch darüber informieren können, wie es Dir gelingen kann, Deine potenziellen Kund*innen auf Instagram anzusprechen, was neben dem Hervorheben Deiner Beiträge auchh die Instagram Anzeigen einschließt. Da es jedoch nicht nur darum geht, neue Kund*innen für Dich zu begeistern, hast Du ebenfalls erlernen können, wie Du neue Follower*innen dazugewinnen kannst.

Um von Beginn ab fahrlässige Fehler zu umgehen und ideal auf Instagram agieren zu können, hast Du neben den absoluten No Go's bei der Verwendung von Instagram auch eine Checkliste an die Hand erhalten, die Dir den Umgang mit Instagram deutlich erleichtern soll.

Abschließend und um das Buch final abzurunden, hast Du Dich noch einmal genauer damit beschäftigen können, welche Insta Ads Kampagnen Strategien sinnvoll sind und welche Du demnach auch umsetzen solltest.

Von jetzt an weißt Du also, wie Du Instagram ideal für Dich, Dein Unternehmen und zur Erreichung Deiner Ziele anwenden kannst.

Ich wünsche Dir viel Erfolg und vor allem viele lehrreiche, erfolgreiche und spannende Stunden auf Instagram und bei der effizienten Gewinnung neuer Follower*innen und Kund*innen!

HAFTUNGSAUSSCHLUSS

Der Inhalt dieses Werkes wurde mit großer Sorgfalt geprüft und erstellt. Für sämtliche Inhalte kann jedoch keine Garantie übernommen werden. Dies gilt weder für die Richtigkeit, Vollständigkeit, noch Aktualität der Inhalte. Alle enthaltenen Informationen basieren lediglich auf die eigene Meinung und persönliche Erfahrung des Autors. Der Inhalt darf keinesfalls als medizinische Hilfe gesehen werden. Für selbstverursachte Schäden und Fehlhandlung des Lesers wird daher keine juristische Haftung Seitens des Autors übernommen. Zudem garantiert der Autor keinerlei Erfolge mit dem im Buch erwähnten Informationen, da diese wie oben genannt nur auf persönliche Erfahrung des Autors basieren und lediglich als Unterhaltung diesen sollen. Die Verantwortung für die im Buch beschriebenen Ziele liegt einzig und allein beim Leser selbst. Gleichzeitig wird keine Haftung auf den im Buch angegebenen Quellen und externen Webseiten übernommen. Für all diese Inhalte ist einzig und allein der jeweilige Webseitenbetreiber verantwortlich, weshalb der Autor automatisch von einer Haftung ausgeschlossen ist.

IMPRESSUM

1. Auflage 2022

Kontakt: Mauricio Pena, Maury Pena / Karlstr.22, / 71229, Leonberg

Coverfoto: fiverr
ISBN: 9798847975902

Printed in Poland
by Amazon Fulfillment
Poland Sp. z o.o., Wrocław

20886460R00081